고구려 비문의 비밀

차례
Contents

일러두기 · 편집 규칙상 한글(한자) 표기 원칙에 따르되 비문(碑文)과 고문헌, 유물 등에 기록된 한자 구절이나 특성을 근거로 판독 글귀를 인용할 때에는 한자(한글) 표기를 따른다.
· 비문 탁본의 누락된 글자는 특별한 표시를 정한 외에는 빠진 글자 수만큼 □로 표시한다.

들어가며: 고구려 비문의 비밀을 찾아서

한국 사람들에게 우리 역사 속 국가 가운데 가장 기억하고픈 나라를 택하라고 하면 아마 고구려가 1, 2위 안에 들어가지 않을까 한다. 고구려는 한반도 북부에서 만주에 걸친 넓은 영토를 영유한 동시에 독자적인 천하관(天下觀)을 가진 나라, 동북아시아의 한 축을 형성한 국가로 우리에게 인식되고 있기 때문이다. 심지어 멸망 과정도 당시 최대 강국인 수(隋)와 당(唐)이라는 제국과 수십 년에 걸쳐 맞서 싸우다가 내분으로 무너졌으니 사람들의 기억에 아쉬움으로 남을지언정 적어도 치욕스럽게 기억되지는 않는다.

이런 고구려이건만 오늘날 우리는 고구려의 모습을 제대

로 알기 힘들다. 고구려 때 펴낸 것으로 알려진 『유기(留記)』나 『신집(新集)』 등은 전하지 않고 다수의 고기(古記: 옛 문헌 기록)도 그 흔적만 있을 뿐 전하지 않는다. 다만 고려 시대에 『삼국사기(三國史記)』와 『삼국유사(三國遺事)』가 지어져 고구려의 역사를 담았지만 고구려가 망하고 500여 년이 흐른 뒤에 쓰인 것들이다. 더구나 신라 중심 사관에서 자유롭지 못했기에 두 책이 담고 있는 고구려의 비중은 신라의 역사가 긴 것을 감안하더라도 신라에 비하면 매우 낮다. 또한 고구려에 관한 기록이 김부식과 일연이라는 저자가 취사·선택한 것이니만큼 그 과정에서 고구려인 스스로 남긴 실제 역사와 다소 차이가 있을 가능성은 얼마든지 있다. 불행히도 문헌을 통해서는 고구려인이 남긴 고구려의 온전한 이야기를 다 볼 수 없는 것이 현실이다.

그렇다면 고구려인이 직접 쓴 고구려 이야기를 우리는 전혀 접할 수 없는 것일까? 그렇지 않다. 많진 않지만 볼 수 있다. 바로 금석문(金石文)을 통해서다. 금석문은 말 그대로 쇠[金]와 돌[石]에 새긴 글[文]이다. 이 가운데 쇠보다는 돌에 쓴 글이 상대적으로 더 많은 정보를 담고 있는 경우가 흔하다. 돌에 썼으니 석문(石文)일 테고, 그것이 비(碑)의 형태로 남아 있으니 비문(碑文)이라고 할 수 있다.

고구려의 흔적을 고스란히 간직하고 있는 도시인 중국 지린성(吉林省) 지안(集安)에는 동양 최대의 비석이라고 할 수 있는 광개토왕비(廣開土王碑)가 우뚝 서 있다. 고구려의 수도였던 지안 국내성(國內城) 일대에는 광개토왕비뿐 아니라 현재 약 7,000기에 가까운 고구려 무덤이 남아 있다(과거에는 1만 2,000여 기의 무덤이 있는 것으로 보고된 바도 있다). 이 때문에 지안은 과거 고구려인이 만든 죽은 자의 도시라는 느낌 또한 지울 수 없다. 지안에는 광개토왕비를 비롯한 도성과 산성, 그리고 거대한 무덤들이 존재하는 까닭에 누구나 한번쯤 직접 보고 싶은 대상이기도 하다. 필자는 고구려의 유적과 유물을 찾아 만주와 북한 지역을 수십 차례 답사했다. 그 여정 때마다 아득한 역사 저편에서 생생하게 다가오는 고구려를 느끼는 감정은 이루 말로 다할 수 없다. 특히 광개토왕비는 마주할 때마다 가슴속에 뭔가 알 수 없는 두근거림이 사라지지 않는다.

광개토왕비는 우리 역사상 현존하는 금석문 가운데 크기가 가장 클뿐더러 가장 많은 내용을 담고 있다. 따라서 고구려사 연구에서 가장 기초가 되는 1차 사료로서 얼마 남아 있지 않은 문헌 자료의 한계를 어느 정도 극복하게 해준다. 더구나 2012년에는 지안고구려비(集安高句麗碑)가 발견됨으로써 고구려 수도였던 국내성 일대에서는 2개의 석비가 확인된 셈이다. 또한 한반도 남부에도 고구려와 신라의 관계를 보여주는 충주고구려비(忠州高句麗碑: 과거에는 '중원고구려비中原高句麗碑'라고 불렀다)가 존재하고 있어 고구려인이 직접 세운 비가 오랜 세월이 흐른 현재까지 생명력을 이어오고 있다.

금석문의 한 형태인 비석은 당대인이 쓴 기록이라는 점에서 문헌 기록보다 오히려 사료 가치가 더 높다. 그 시대 사람들이 직접 쓴 기록이기 때문에 후대의 문헌 기록보다 더 정확한 사실을 담고 있으며 당시 분위기까지 느낄 수 있게 해 준다. 때문에 한국 고대사에서 비석과 같은 금석문 자료가 가지는 의미는 그 어떤 것보다 크다. 특히 고구려 당대에 건립된 비인 광개토왕비, 지안고구려비, 충주고구려비는 고구려사 연구에서 핵심 사료라 할 것이다. 나아가 이러한 비문이 4~5세기 무렵 고구려 전성기 자료라는 점에서 고구려 사회를 이해하는 데 더욱 중요하다.

이 밖에 안악3호분 묵서명(墨書銘)·덕흥리고분 묵서명·모두루총 묘지명(墓誌銘) 등과 고분 벽면의 단편적 묵서명, 서봉총 은합명(銀盒銘)이나 호우총 호우명(壺杅銘: 광개토왕 명문이 있는 청동 그릇) 등 신라 지역에서 확인되는 명문(銘文) 자료, 연가7년명(延嘉七年銘) 금동여래입상을 비롯한 불상의 명문 등도 있다. 또한 평양성 성벽 석각명(石刻銘), 기와나 벽돌 그리고 토기 등에서 확인되는 명문, 중국에서 발견되는 고구려 유민의 묘지명 등 다수의 고구려 관련 금석문 내지는 묵서명이 존재하고 있기도 하다. 그러나 가장 대표적인 깃은 무엇보다 고구려 비문이다. 우리 고대사에서 현재까지 가장 많은 비석을 남긴 나라는 신라지만 광개토왕비의 각 왕릉 주변에 수묘비(守墓碑)를 세웠다고 기록하고 있어 광개토왕비, 지안고구려비, 충주고구려비 외에 향후 고구려 비석이 더 발견될 가능성은 충분하다.

광개토왕비와 관련해서는 현재까지 1,000여 편에 이르는 연구 성과가 한·중·일을 중심으로 발표되었고 지안고구려비나 충주고구려비에 대한 연구 역시 각각 수십 편에 달한다. 이렇게 많은 연구 성과가 제시된 것은 비문에 대한 논란 또한 많다는 사실을 보여준다. 비의 판독에서부터 비의 성격에 이르기까지 통일된 견해를 갖지 못하고 있는 것이다.

따라서 이 책에서는 지금까지 발견된 고구려의 비에 대한 기존 연구 성과의 주요 논의를 살펴보고 아울러 필자가 가지고 있는 각 비에 대한 의견을 개진하고자 한다. 글의 내용 가운데 불충분한 부분은 관련 글을 참고할 수 있도록 책 뒷부분에 참고문헌을 수록했다. 특히 광개토왕비와 관련해서는 1,000여 편의 연구 성과 중 대표적인 것들을 모두 기재하지는 못했는데, 주로 각 장에 서술된 주요 내용과 관련하여 최근 연구 성과를 중심으로 제시했다.

물론 이 책에서 다루는 내용만으로 많은 쟁점과 논란이

있는 고구려 비문의 비밀을 모두 풀어낼 수는 없다. 그렇더라도 고구려사와 관련한 비밀의 문을 여는 데 도움이 되는 조그마한 단서나마 제공할 수 있기를 희망한다. 고구려 비문을 자세히 살펴본다면 어쩌면 우리가 모르는 고구려 역사의 실체를 엿볼 수 있지는 않을까 한다. 이제부터 광개토왕비, 지안고구려비, 충주고구려비라는 3개의 비문을 통해 고구려 역사의 생생한 현장으로 떠나보자.

제1장

광개토왕비의 비밀

비의 발견

광개토왕비는 건립 이후 고구려인에게 특별한 의미로 다가갔겠으나 고구려 멸망 이후 오랜 세월 동안 방치되었던 것으로 보인다. 고구려 당시 광개토왕비는 광개토왕의 위엄을 보여주는 상징물로 수도 한가운데 우뚝 서 있었을 것이다. 하지만 414년(장수왕 2년)에 광개토왕비가 건립된 지 254년이 지난 668년(보장왕 27)에 고구려는 멸망했다. 멸망한 왕조의 흔적은 서서히 잊히기 마련이고 광개토왕비도 그렇게 잊혔다. 이후 발해, 금(金), 요(遼), 청(淸) 등 여러 국가가 만주를 차지했지만 광개토왕비를 주목한 사례는 정확하게 확인되지 않는다. 고구려를 계승했다는 고려도 마찬가지였다. 『삼국사기』에 광개토왕에 대한 기록은 남아 있지만 비분에 대한 이야기는 없다.

다만 광개토왕비 발견 연대와 관련해서는 여러 학설이 있다. 조선 시대 문헌에 관련 언급이 있으므로 조선 시대에 이미 발견되었다고 보기도 하지만 당시는 금나라 황제의 능비로 잘못 알고 있어서 광개토왕비에 대한 정확한 인식이라 할 수 없다. 따라서 비의 발견 연대를 19세기 말로 보아야 한다는 견해도 있다. 『용비어천가(龍飛御天歌)』『강계읍지(江界邑誌)』등 조선 시대 문헌에서 비석의 존재에 대해서는 언급했으나 그것이 고구려의 비임을 인지하지는 못했다. 비의 존재는 『용비어천가』에 처음으로 기록되었으며 실학자 이수광이 지은 『지봉유설(芝峰類說)』 등에는 여진족(女眞族)이 세운 금나라 시조의 비로 오인했다. 이 때문에 19세기 말에 이루어진 비의 확인을 두고 '비의 재발견'이라고도 한다.

이와 같이 오랫동안 잊혀왔던 광개토왕비의 발견 경위에 대해서는 엇갈린 보고로 인해 정설이 없다. 광개토왕비는 대체로 청나라가 만주 지역의 봉금(封禁)을 풀고 그곳에 회인현(懷仁縣)을 설치한 뒤인 1880년을 전후하여 개간에 종사하던 청나라 농부가 발견한 것으로 전한다. 이어 당시 회인현 초대 지현(知縣: 현령, 지사) 장월(章越)이 그의 서계관(書啓官) 관월산(關月山)을 시켜 비를 조사하게 했는데 이때 관월산이 비의 부분 탁본(拓本)을 떠서 베이징(北京) 금석학계에 소개함으로써 비의 실체가 비로소 세상에 알려졌다.

구체적인 발견 시점도 '동치 말년설(同治末年說)' '광서 원년설(光緒元年說)' '광서 6년설(光緒六年說)' '광서 초년설(光緒初年說)' '광서 3년설(光緒三年說)' 등 다양한 주장이 있다. 연구를 통해 점차 1875년(광서 초년)을 전후한 시점이라는 설, 1877년(광서 3) 또는 1880년(광서 6)이라는 설이 주로 거론되고 있지만, 현재 한·일 학계에서는 1880년이라는 주장이 통설로 인식되고 있다. 광개토왕비 발견과 탁본 과정에 연루된 인물로는 먼저 회인현 지현 장월과 그의 부하 관월산이 있다. 다음으로 장월의 지인이자 최초 탁본 유포에 깊이 관여한 이초경(李超瓊), 그리고 관리 출신 금석학자인 반조음(潘祖蔭)·이홍예(李鴻裔)·오대징(吳大澂)·왕렴생(王廉生)·담광경(談廣慶)이 있다. 여기에 탁본 제작자로 베이징의 금석문 상인 이운종(李雲從)과 선양(沈陽)의 금석문 상인 기단산(亓丹山), 또 가장 많은 탁본을 제작했으리라 추정되는 광개토왕비 인근 지역 농부인 초천부(初天富)·초균덕(初均德) 부자 등이 있다.

4면에 글자가 가득 쓰여 있는 이 거대한 비석은 금석문 애호가들 눈에 띄지 않을 수 없었다. 1881년경부터 톈진(天津)에서 탁공(拓工)이 파견되어 묵수곽전본(墨水廓塡本: 글자의 윤곽을 그린 뒤 글자 부분만 남기고 나머지 빈자리에 먹을 칠하는 방식. '묵수墨水'는 '먹물', '곽전廓塡'은 '둘레를 메우다'라는 뜻이다)이 만들어졌고, 후에 베이징에서 탁공 이운종(李雲從)이 파견되어 비면이나 글자를 그대로 떠내는 원석탁본(原石拓本)도 만들어졌다.

광개토왕비 발견 후 얼마 지나지 않은 시기인 1883년에 일본 육군 참모본부의 군사정보부원이었던 사코 가게노부(酒匂景信) 중위가 현지 탁공에게서 구입한 묵수곽전본이 일본으로 전해졌다. 그는 당시 참모본부의 주요한 임무인 역사지리에 대한 정보 획득 차원에서 묵수곽전본을 가지고 귀국한 것으로 보인다. 이후 1905년 도리이 류조(鳥居龍藏)가 지안에 가서 광개토왕비를 직접 조사하여 비의 입지 상황 등이 밝혀졌다. 1913년에는 세키노 다다시(關野貞)와 이마니시 류(今西龍)가 고구려 유적 조사 과정에서 11일간 지안을 답사하는 동안 광개토왕비에 대해서도 조사했다.

단재 신채호 선생은 『조선상고사(朝鮮上古史)』에서 선비족(鮮卑族)인 후연(後燕) 정벌에 관한 언급이 비문에 등장하지 않는다고 지적하고 있다. 1914년 대종교 교주이자 독립운동가인 윤세복의 초청으로 환런현(桓仁縣)의 동창학교(東昌學校)에서 교사 생활을 했기에 실제로 비를 보았거나 탁본을 보았을 가능성이 높다. 단재 선생은 "집안현(集安縣)의 유적을 한 번 보는 것이 김부식의 고구려사를 만 번 읽는 것보다 낫다"라고 말하기도 했다.

오랜 세월이 지났음에도 광개토왕비가 온전히 보존될 수 있었던 것은 지안 지역이 청대에 봉금 지역이 되면서 사람들의 출입이 거의 없었던 사정에서 기인한다고 할 수 있다. 청나라는 왕조의 탄생지를 신성시한다는 명분으로 백두산을 비롯한 인근 지역을 아무도 들어가지 못하는 봉금 지역으로 설정했다. 따라서 지안 지역 고구려 유적들은 이러한 환경 아래서 비록 방치되기는 했지만, 사람의 손길이 미치지 않는 곳에서 보존될 수 있었던 것이다.

비의 형태와 위치

광개토왕비가 발견과 동시에 여러 학자의 관심을 모은 것은 오래되었는데도 비교적 온전한 모습으로 남아 있었고 또 많은 정보를 담고 있었기 때문이다. 광개토왕비의 비면은 1880년 무렵 재발견된 이후 이끼와 넝쿨을 제거하기 위해 지른 불에 크게 손상을 입었다. 그 뒤 거듭된 탁본과 석회를 발라 문자를 보수하는 작업 등을 통해 적지 않은 글자가 훼손되었다. 비석 몸체도 1,500여 년의 오랜 비바람과 화재로 풍화되고 균열이 생겼다. 정상부에 균열이 있고 몸체 내부에도 균열이 생겨 두드리면 소리가 울리는 공동(空洞) 현상이 나타나는 것으로 알려져 있다.

광개토왕비는 자연석을 이용한 4면비다. 무게 34톤에 달하는 거대한 돌을 이용하여 4면 모두에 내용을 적었다. 크기는 대략 높이 6.39미터, 너비 1면(동남쪽) 1.48미터·2면(서남쪽) 1.35미터·3면(서북쪽) 2미터·4면(동북쪽) 1.46미터고, 기단은 길이 3.35미터·너비 2.7미터다. 행수는 1면 11행, 2면 10행, 3면 14행, 4면 9행으로 총 44행이며 글자 수는 1,775자로 추정한다. 이 가운데 150여 자가 판독 불능 상태다. 각 면마다 가장자리를 따라 홈을 파서 비문이 들어갈 직사각형 윤곽선을 긋고 다시 그 안에 세로선을 그어 각 행을 표시했다. 현재 광개토왕비는 1면과 2면 사이 중상단부 모서리에 자갈을 사용한 시멘트로 보수한 흔적이 있고 4면에는 긁힌 자국 10여 줄이 상단에서 중단까지 이어져 있다. 또한 1면 상단부와 2면 상단부, 그리고 3면과 4면 사이 모서리 부분에 중국 측이 균열 방지를 위해 주입했던 합성수지 형태의 접착제가 흘러나와 있다.

비석 문화가 중국으로부터 도입된 사실을 고려할 때 4면에 모두 글자를 새기는 방식은 중국에서는 찾아보기 어려운 독특한 형태다. 광개토왕비와 충주고구려비로 대표되는 4면비는 중국의 판비형(板碑形: 판자 모양 비석) 2면비와는 형태가 다르다는 점에서 중국과는 다른 연원과 계통에서 기원했을 가능성도 있다. 이것이 고구려 독자적인 것인지 아니면 유목

◀ 발견 이후 노출된 상태의 광개토왕비

▼ 현재 비각에 안치된 광개토왕비

문화 전통과 연결할 수 있을 것인지는 분명하지 않다. 특히 고구려 지역에서는 무문자 석주(無文字 石柱)의 존재가 보고된 바 있어서 고구려 4면 석비의 기원이 이것과 관련이 있는 것으로 여겨지기도 한다. 여하튼 광개토왕비나 충주고구려비 모두 형태상 석주형(돌기둥 모양) 4면비라는 특징을 지녔다. 또한 현재 중국에는 광개토왕비보다 큰 비석이 존재하지 않는다. 물론 서안(西安)에 있는 당나라 측천무후(則天武后)의 무자비(無字碑)는 규모가 엄청나다. 하지만 그것은 광개토왕비보다 후대에 만들어졌고 글자도 새겨져 있지 않아서 엄밀한 의미에서 비석으로서 필요조건을 갖추지 못했다.

이처럼 4면에 모두 글자를 새긴 비석은 중원 지역에서는 발견하기 어려운 사례고 크기도 거대해서 광개토왕비는 형태 면에서 매우 특별한 모습을 보여준다고 할 수 있다. 특히 고구려 시대에 제작된 광개토왕비와 충주고구려비가 모두 4면비여서 그동안 이를 두고 고구려적인 특성이라고 보기도 했다. 그런데 최근 지안고구려비가 발견되면서 이러한 인식에 재검토가 필요한 상황이 발생했다. 광개토왕 또는 장수왕 대에 만들어진 것으로 추정하는 지안고구려비가 중국 후한(後漢) 시기 이후 주로 유행했던 규수형(圭首形: 상단부를 삼각형 모양으로 만든 형태) 2면비였기 때문이다. 거의 같은 시기에 지안고구려비처럼 잘 다듬은 자연석을 이용해 비를 받치는 대좌(臺座)·비문을 새기는 비신(碑身)·비신을 덮는 개석(蓋石)을 갖춘 규수형 2면비가 제작되기도 했고, 광개토왕비나 충주고구려비처럼 다듬지 않은 자연석을 이용한 4면비가 제작되기도 했던 것이다.

광개토왕비, 지안고구려비, 충주고구려비라는 고구려 시대 3개 비석이 존재하는 상황에서 형태상 이질적인 비석들이 시간차를 얼마 두지 않은 시점에 건립되었던 이러한 현상에 대해서는 여러 가지 해석이 존재할 수 있다. 가장 간단하게는 고구려가 중국식 비석 문화를 받아들인 상황에서 고구려식 비석 문화를 새롭게 창출한 것으로 설명할 수 있다. 즉 동일 형태로 추정되는 관구검기공비(毌丘儉紀功碑)나 지안고구려비 같은 중국식 비석 문화가 존재하던 상황에서 광개토왕비 같은 고구려 양식 비석 문화가 독창적으로 창출되었고 그것이 충주고구려비까지 이어진다는 것이다. 고구려에 유형화된 일정한 양식의 비석이 존재했다고 볼 수 있는 근거다.

그런데 문제는 보통 자연석을 이용한 비석이 먼저 건립되고, 그 후에 잘 다듬은 돌을 가지고 대좌·비신·개석 등의 구성 요소를 완전하게 갖춘 비석이 등장하는 것이 일반적이라는 점이다. 실제로 신라의 경우를 보면 고구려와 반대 순서로 비석 문화가 전개되고 있다. 또한 4면비와 2면비를 비교했을 때 규모가 웅장하고 글씨도 큰 4면비가 많은 내용을 담을 수 있고 위엄을 보일 수 있다는 점에서는 장점이 있지만, 반대로 비좌(碑座: 비신을 세우는 대좌. 또는 비신을 꽂아 세우기 위해 홈을 판 자리)와 개석까지 갖추어 형태상으로 세련되고 비면을 잘 다듬어 글씨를 한층 더 선명하고 정연하게 쓸 수 있는 2면비가 어떤 면에서는 더 큰 장점이 있다고도 볼 수 있다. 같은 시기에 이러한 서로 다른 유형의 비석이 공존한다는 것 자체는 매우 설명하기 어려운 부분이다. 이 문제는 앞으로 좀 더 심도 있는 검토와 연구가 이루어져야 할 과제다.

광개토왕비와 지안고구려비가 세워질 당시 중원 지역에서는 한나라 말 이래로 금비령(禁碑令)이 내려지고 특히 광개토왕비가 세워지는 동진(東晉) 말기에는 재차 강화되는 상황이었다. 그런데 고구려에서는 왕릉마다 '묘상입비(墓上立碑: 무덤가에 비를 세움)'를 하고 거대한 광개토왕비까지 건립한 것이다. 중원의 금비령이 고구려까지 영향을 미치지 못한 것인지는 불명확하지만 광개토왕 대에 고구려에서 자주적인 입비 정책이 시행되었다고 볼 수 있겠다. 당시 중원 양식의 비가 아닌 자연석에 4면비 형태로 거대 비석을 건립한 고구려의 의도가 무엇인지 궁금하지 않을 수 없다. 아울러 신라 지역에서 확인되는 4면비라고 할 수 있는 영일냉수리비

(迎日冷水里碑), 울진봉평비(蔚珍鳳坪碑), 마운령비(摩雲嶺碑), 황초령비(黃草嶺碑) 등의 형태가 고구려의 영향일 여지가 있어서 향후 검토가 필요하다. 고구려가 한반도 비석 문화에 일정 부분 영향을 주었을 개연성이 높다.

광개토왕비는 대석과 비신 두 부분으로 되어 있다. 개석은 존재하지 않는데, 아마 처음부터 개석은 만들어지지 않았던 것으로 보인다. 대석은 화강암을 이용하여 다듬었으며 길이 3.35미터, 폭 2.7미터로 비신과 마찬가지로 모양이 일정하지 않고 두께도 고르지 않은 편이다. 대석은 크게 세 부분으로 깨어진 상태인데 비신이 애초에 새긴 홈과 어긋나게 세워져 있다. 대석의 깨진 상태에 대해서는 비가 한 차례 넘어져 일어난 현상이거나 비를 세울 당시에 깨진 것으로 이해하고 있다.

비신은 사각 기둥 형태로 각 면의 모양은 사다리꼴에 가깝다. 1면과 3면이 넓고 2면과 4면이 좁은 형태고 비면은 고르지 못하다. 이처럼 비의 규격이나 모양이 일정하지 않다는 것은 잘 다듬는 과정을 거치지 않고 자연석을 그대로 이용했다는 사실을 보여준다. 특히 비신에 이용된 돌은 화강암이 아니라 비교적 무른 석질의 응회암으로 알려져 있다. 이러한 암석이 사용된 이유 가운데 하나로 글을 크고 깊게 새기기가 화강암보다 용이하다는 사실이 고려되었음직하다.

비신의 원석이 이처럼 응회암인 점에서 그 돌의 산출지가 어디인지 관심을 기울이고 찾으려는 시도가 이루어졌다. 현재 대체로 지안 서쪽에 위치한 환런(桓仁)의 오녀산성(五女山城) 일대 지역과 지안 동북쪽의 양민(良民) 지역, 북한의 평안북도 자성(慈城) 지역이 유력하게 거론되고 있다. 이러한 견해를 참고한다면 광개토왕비에 사용된 거대한 암석은 제법 먼 거리로부터 옮겨온 것으로 볼 수 있다. 환런의 오녀산성 일대라면 운반 거리가 너무 멀다는 약점, 자성 지역은 암석에 대한 보고는 있으나 직접 지질조사를 수행한 것이 아니라는 약점을 지니고 있다. 따라서 현재는 지안 동북쪽에 위치한 양민 지역이 가장 가능성이 큰 것으로 여겨진다. 양민 지역에서 지안 지역으로 육로를 통해 거대한 돌을 옮기는 것은 지형상 거의 불가능하다고 할 수 있다. 양민 지역에서 압록강을 이용하여 뗏목으로 운반했거나 겨울철에 압록강이 얼었을 때 옮겨왔을 가능성이 있다. 이러한 방법이 아니고서는 수십 톤에 달하는 거대한 돌을 옮겨오기는 힘들다. 이때 어쩌면 일본 지역에서 확인되는 '수라(修羅: 무거운 석재 등을 옮기는 데 사용한 대형 나무)'와 같은 운송에 필요한 보조 기구가 사용되었을 개연성도 있으나, 아직 이러한 운송 관련 보조 기구가 고구려 지역에서 확인된 바는 없다.

한편 비가 왕릉에 비해 별로 정성을 기울이지 않았고 위치도 왕릉을 염두에 두지 않고 세워졌다는 사실에 착안해서, 비가 광개토왕 사후에 세워진 것이 아니라 원래부터 그 자리에 서 있던 선돌을 활용했을 것이라는 주장이 제기되기도 했다. 거의 같은 인식선상에서 비에 사용된 돌이 이전부터 기능했던 신성한 신앙의 대상물이라고 이해하기도 한다. 나아가 동천왕 대에 양민 일대에서 채석되었을 가능성이 높고, 그때 임시로 옮겨간 평양성 후보지가 양민 일대며, 동천왕릉으로 비정(比定: 다른 유사한 물체와 비교하여 정함)되는 광개토왕비 맞은편 언덕 위의 거대한 계단식적석총인 임강묘(臨江墓: 또는 임강총臨江塚)와 연관되었을 것으로 보기도 한다. 이러한 가능성의 제기는 바로 비의 형태에 대한 의문에서 출발한다고 할 수 있으나 어디까지나 추정일 뿐 명확하게 확인하기는 어렵다.

광개토왕비문의 글꼴은 예서체(隸書體)다. 지금까지 고예(古隸: 진나라~전한 시대 예서)·한예(漢隸: 한나라 예서)·팔분(八分: 후한 시대 예서)·예해지간(隸楷之間: 예서와 해서의 중간)·진서(眞書: 해서)·동진예서(東晋禮書: 동진 시대 예서)·광개토태왕비체 등 다양한 견해가 제시된 바 있다. 기본적으로 비문의 서체는 예서체이기는 하나 비의 특수성을 고려하여 '광개토태왕비체'라고도 부를 수 있다. 이 서체는 광개토왕비 특유의 자연석주비(自然石柱碑) 양식과 함께 충주고구려비에까지 이어지면서 주요한 특징을 형성했다고 보기도 한다. 광개토왕비 서체는 신라 호우총에서 출토된 호우의 명문 등에서 보듯 일정 기간 동안 여러 면에서 고구려 서사 문화에 영향을 끼쳤다고 파악된다.

비의 크기도 거대하지만 그 비에 새겨진 글자 하나하나의 크기도 큰 편이다. 사실 광개토왕비만큼 큰 글씨는 어느 비석에서도 발견하기 어렵다. 이는 아마 광개토왕비를 건립하면서 가독성에 대한 문제를 고민했던 때문으로 볼 수 있다. 이에 대해 비문의 일차 독자는 국연(國烟)과 간연(看烟)으로 구성된 수묘인(守墓人: 삼국 시대와 신라 시대에 왕이나 귀족의 무덤을 지키고 제사 등 행사에 동원되었던 사람)들이라고 이해하면서 일종의 출석부 역할을 했을 것으로 보기도 한다. 그러나 당시 한자로 된 비문을 읽을 수 있는 사람은 매우 제한적이었다. 따라서 '구민(舊民)'이나 '신래한예(新來韓濊)'로 표현된 수묘인 모두가 한자를 읽을 수 있는 사람들은 아니었을 것이다. 그렇다면 비를 바라보고 경배한 이들은 글을 읽을 수 있는 지식층뿐만 아니라 글을 모르는 일반인까지 국내성에 거주하거나 국내성을 방문하는 고구려인 전체라고 볼 수 있다. 거대한 비석에 큰 글자를 새겨 비 자체와 글자가 쉽게 보이도록 한 광개토왕비는 위대한 광개토왕의 훈적을 상기시켜주는 상징물이기에 모든 이들에게 멀리서 바라만 보아도

경외감과 경배심이 드는 대상이었을 것으로 짐작된다. 광개토왕비 건립 배경에는 이러한 점이 고려되었을 것이다.

광개토왕비는 국내성 동쪽의 우산하고분군(禹山下古墳群) 내에 위치하는데, 국내성으로부터 동북쪽으로 약 4킬로미터 지점이다. 우산하고분군에는 다수의 왕릉급 적석총이 자리하고 있다. 대체로 4세기 후반경 축조된 것으로 파악되는 왕릉급 고분으로는 계단적석석실묘(階段積石石室墓)인 태왕릉(太王陵)과 장군총(將軍塚), 계단적석광실묘(階壇積石壙室墓)인 우산하 0540호묘가 대표적이다. 특히 이 세 고분은 광개토왕비와 거리가 비교적 가깝게 위치하고 있고 4세기 후반경 축조되었다는 점에서 비와 상관관계가 있어 보인다. 우산하고분군에는 이 밖에도 우산하 2110호묘, 임강묘, 우산하 0992호묘 등 대형 적석총이 다수 존재한다. 이들 대형 적석총은 각 변이 30미터 이상으로 규모 면에서만 보면 왕릉급에 해당한다고 할 수 있을 것이다. 하지만 이 고분들은 4세기 후반경의 무덤으로 보기 어려워 광개토왕비와 관련성이 희박하다.

현재 구글 위성지도를 통해 본 광개토왕비의 좌표는 북위 41도 8분 41.40초, 동경 126도 12분 51.01초다. 거리 면에서 살펴보자면 광개토왕비와 가장 가까운 고분이 우산하 0540호묘고 그다음으로 가까운 고분이 태왕릉이다. 장군총은 거리는 멀지만 묘실 방향이 광개토왕비를 바라보고 있다는 측면에서 관련성이 있다고 할 것이다. 그러나 우산하 0540호묘는 고분 연대가 광개토왕의 몰년(沒年: 사망한 해)과 비교해서 다소 이른 시기고, 태왕릉은 광개토왕비가 동북쪽에 위치하고 있으며 묘실 방향과 비의 방향이 상반된다는 점에서 피장자를 광개토왕으로 비정하는 데 다소 문제의 소지가 있다. 한편 장군총은 다른 왕릉급 고분들에 비해 광개토왕비와 거리가 비교적 멀다는 점에서 광개토왕릉으로 비정하기를 망설이기도 한다. 그동안 광개토왕비 주변의 4세기 대형 적석총에 대해서는 학계에서 피장자(被葬者)를 두고 많은 논의가 있었다. 광개토왕비 주변 고분에 대한 피장자 비정에 대한 여러 견해를 정리하면 〈표 1〉과 같다.

〈표 1〉에서 보듯이 4세기 후반경에 조영된 것으로 추정되는 광개토왕비 주변 세 고분의 피장자에 대해서는 다양한 의견이 개진되었다. 대체로 태왕릉은 전통적으로는 광개토왕릉으로 보아왔으나 최근에는 고국양왕릉으로 이해하는 경향이 늘어나고 있다. 태왕릉을 고국양왕릉으로 이해하면서 장군총에 대해서도 마찬가지로 점차 장수왕릉으로 비정하는 경향이 늘고 있다. 이러한 경향은 왕릉급 고분에 대한 연구가 활발해지면서 나타난 결과다. 즉 고고학 자료에 대한 편년(編年: 유물이나 유적 등 고고학 자료를 시간 순으로 배열하고

〈표 1〉 광개토왕비 주변 고분의 피장자 비정에 대한 여러 견해

고분	연구자	피장자 비정
우산하 0540호묘	장푸유(張福有) · 쑨런제(孫仁杰) · 츠융(遲勇)	고국양왕
	정호섭	고국원왕
태왕릉	아즈마 우시오(東潮)	소수림왕
	이도학	고국원왕
	여호규, 임기환, 정호섭, 기경량	고국양왕
	그 외 연구자	광개토왕
장군총	손수호	산상왕
	세키노 다다시(關野貞), 우메하라 스에지(梅原末治), 나가시마 기미치카(永島暉臣愼), 다무라 고이치(田村晃一), 박진석, 이도학, 여호규, 백승옥, 임기환, 이희준, 정호섭, 기경량	광개토왕
	초기 연구자, 중국 연구자, 하마다 고사쿠(浜田耕策), 조법종, 아즈마 우시오, 모모사키 유스케(桃崎祐輔), 강현숙	장수왕

연대를 부여하는 것), 왕릉과 비의 관계, 고구려 왕릉의 수릉(壽陵)과 귀장(歸葬) 여부, 그리고 고구려 능원제(陵園制)에 대한 관련 연구들이 활발해지면서 일어난 현상이다. 수릉은 왕이 생전에 자신의 무덤을 축조했는지의 문제고, 귀장은 원래 고향으로 가서 묻혔는지에 관한 것이다. 고구려에서 수릉과 귀장이 시행되었는지에 대해서는 대체로 부정적인 의견이 우세한 편이다.

출처: Google earth

북위 41도 8분 41.40초, 동경 126도 12분 51.01초, 내려다본 높이 3.20킬로미터

광개토왕비와 주변의 주요 고분

광개토왕비와 주변 고분들 사이 위치 관계를 구글 위성지도를 통해 살펴보면 다음 지도와 같다. 비로부터 직선거리는 우산하 0540호묘가 180여 미터, 태왕릉이 370여 미터, 장군총이 1,730여 미터다.

이 가운데 광개토왕비와 가장 가까운 우산하 0540호묘는 각 변이 30미터가 넘는 규모다. 이 무덤의 형식은 자료에 따라 계단적석석실묘 또는 계단적석석광묘 등으로 제시되어 있는데, 계단적석석광실묘로 이해하면 가장 무난할 듯하다.

석실묘(石室墓)는 묘실(墓室: 현실玄室, 널방. 석실 내의 시체를 안치한 방)과 연도(羨道: 널길. 석실의 입구에서 묘실까지 이르는 길)라는 기본 구조를 갖추고 있는 완벽한 형태의 횡혈식(橫穴式: 굴식) 무덤이다. 이에 비해 광실묘(壙室墓)는 묘실까지 이르는 길인 연도가 없이 묘도(墓道: 무덤길. 묘실에서 무덤 바깥까지 연결된 길)만 갖춘 이른바 횡구식(橫口式: 앞트기식)이다. 우산하 0540호묘의 묘실 구조는 연도가 구체적으로 확인되지 않는 횡구식 광실(壙室: 널방)이다.

이 고분에서 동쪽 방향으로 약 180여 미터라는 가까운 거리에 광개토왕비가 위치하고 있다. 현재 이 무덤은 거의 파괴되었지만 태왕릉보다는 앞선 형식으로 파악된다. 묘실 방향은 남서쪽으로 보이는데, 그렇다면 광개토왕비를 향하고 있지는 않다. 또한 광개토왕이 사망한 해와 비교할 때 비교적 이른 시기의 고분이라서 매우 가까이 있음에도 불구하고 이 무덤은 광개토왕릉이 될 수 없다. 따라서 비와의 거리가 왕릉을 비정하는 결정적인 요소는 아닌 셈이다.

광개토왕비에 따르면 광개토왕은 '國岡上廣開土境平安好太王(국강상광개토경평안호태왕)'으로 적혀 있어서 광개토왕의 무덤은 국강상(國岡上)에 위치한 것이 된다. 따라서 현재 광개토왕비가 위치하고 있는 지역이 고구려의 국강상이라 할 것이다. 그런데 고국원왕도 '국강상왕(國岡上王)'이라는 이칭이 있기 때문에 고국원왕릉은 자연스럽게 국강상에 존재하는 것이 된다. 이런 측면에서 우산하 0540호분은 국강상 지역에 위치하고 다소 이른 시기의 고분인 만큼 광개토왕의 조왕(祖王)으로 국강상왕이라 불린 고국원왕의 무덤으로 이해할 수 있다는 의견이 제시된 바 있다.

물론 우산하 0992호분을 고국원왕릉으로 비정하기도 하지만 출토된 와당(瓦當: 기와의 마구리) 편년으로 보면 고국원왕의 몰년과는 차이가 있다. 지안 지역에서 출토된 기년명 (紀年銘: 제작 연호나 연대를 쇠나 돌 등에 새긴 글) 와당을 바탕으로 우산하 0992호분은 338년(무술戊戌), 우산하 3319호분은 355년(을묘乙卯)·357년(정사丁巳), 서대묘(西大墓)는 329년(기축己丑)·338년(무술戊戌)으로 연대를 짐작할 수 있다. 이 기년명 와당들은 이전 시기에 제작된 것을 사용했을 수도 있고, 이후에 기와를 얹은 것일 수도 있어서 고분의 절대적 편년 자료로 보기에는 무리가 있다. 아무튼 우산하 0992호분의 무술명(戊戌銘) 와당과 고국원왕의 몰년인 371년(고국원왕 41) 사이에는 30여 년의 시간 차이가 존재한다. 따라서 우산하 0992호분을 고국원왕릉으로 비정하기는 다소 어려운 측면이 있다고 판단된다.

또한 천추총(千秋塚)을 고국원왕릉 또는 고국양왕릉으로 이해하기도 하지만, 그럴 경우 문헌 기록의 장지명은 아무런 의미를 가지지 못하는 상황이 발생한다. 지안 시기 고구려

왕의 장지는 지안 지역 어디에 왕릉을 축조하든 모두 '고국원(故國原)' '고국양(故國壤)' '국강상' '국양(國壤)' 등으로 불리는 상황이 되는 것이다. 따라서 당시 금석문에 보이는 '국강상'이라는 지역의 범위를 지나치게 확대해서 보기는 곤란할 듯하다. 대체로 출토되는 와당 형식으로 보더라도 천추총-태왕릉-장군총의 순서이므로, 천추총은 소수림왕릉으로 이해하는 것이 자연스럽지 않을까 한다.

한편 태왕릉은 거리상으로 광개토왕비와 가깝고 고분 편년도 어느 정도 부합된다는 측면에서 오랜 기간 동안 광개토왕릉으로 주목받아왔다. 그런데 태왕릉의 방향과 비의 방향이 일치하지 않는다는 사실에서 태왕릉과 광개토왕비의 관계가 부정되기도 했다. 태왕릉이 바라보고 있는 방향이 서쪽인 반면, 광개토왕비는 태왕릉의 뒤쪽인 동북쪽에 위치하면서 동남쪽을 향하고 있기 때문이다. 이 사례를 통해 비의 위치에 대해서는 다양한 고려가 필요하다는 인식이 유발되었다고 할 수 있다.

또한 태왕릉 부근에서 발견된 것으로 전하는 청동방울에는 '辛卯年 好太王 □ 造鈴 九十六(신묘년 호태왕□조령 구십육)'이라는 명문이 새겨져 있다. 이 방울은 2003년 태왕릉 남쪽 오른쪽 모서리 2번째 호석(護石) 주변 돌 밑에서 청동제 부뚜막에 30여 점의 유물이 일괄로 매장된 상태로 수습된 것 중

하나라고 한다. 이 방울이 태왕릉을 광개토왕릉으로 증명하는 유물임을 강조하면서 이를 근거로 태왕릉을 기본적으로 광개토왕릉으로 파악하는 주장이 있다. 광개토왕 생전인 신묘년(391)에 실제로 의식용 기물 또는 말방울로 사용된 것을 왕이 죽었을 때 부장품으로 함께 묻었다고 이해하는 것이다. 반면에 태왕릉을 고국양왕의 무덤으로 비정하면서 391년(고국원왕 8)은 고국양왕이 사망한 해이기 때문에 태왕릉에서 이 방울이 발견된 것은 고국양왕의 명복을 비는 의미에서 만들어진 제의적 산물로 보는 견해도 있다. 이 방울이 태왕릉과 분명하게 연관되는가 하는 점에 다소 논란이 있을 수는 있겠으나 일단 출토 지점이 태왕릉 부근이라는 점에서 신묘년인 391년을 고려한다면 태왕릉의 피장자가 고국양왕 또는 광개토왕 가운데 한 사람이라는 사실은 부정할 수 없다.

4세기 후반 이후 발전된 양식의 적석총인 태왕릉과 장군총의 선후 관계를 검토하면 태왕릉이 장군총보다 앞선 것으로 파악된다. 그런 만큼 태왕릉은 고국양왕릉이나 광개토왕릉, 장군총은 광개토왕릉이나 장수왕릉 가운데 하나일 것이다.

고분과 광개토왕비의 관계를 가장 우선시해야 하겠지만 광개토왕비의 위치와 고분의 거리만으로는 문제를 해결하기 어렵다. 이와 관련해서 광개토왕비와 장군총의 방향과 위

태왕릉

장군총

치를 기준으로 광개토왕비를 신도비(神道碑)로 파악함으로써 장군총의 피장자를 광개토왕으로 이해하기도 한다. 그런데 당시 고구려에 신도비라는 문화가 도입되었는지 여부가 분명하지 않다. 그리고 광개토왕비의 1면이 동남쪽을 향하고 있어서 남쪽을 향하고 있는 무덤 방향과 정확히 일치하지는 않는다는 점에서 충분한 근거가 되기 어렵다. 신도비는 묘소 동남향에 세워지는 것이 보통이긴 하다. 하지만 비가 현실(玄室: 널방) 동남쪽에 위치한 것과 비의 정면이 동남쪽을 바라보는 것은 차원이 다른 문제로 현실과 비석의 정면이 서로 다른 방향을 향하고 있다는 점이 약점으로 지적된다.

한편 장군총은 비와 1.7킬로미터 이상 떨어져 있고 그 사이에 동천(東川)으로 비정되는 하천이 자리하여 물길과 계곡으로 구분되어 능과 비가 공간적으로 분리되고 있기 때문에 직접 연결하는 것은 무리라는 의견도 제시되었다. 비록 장군총에서 광개토왕비까지의 거리가 멀고 중간에 하천이 존재하기는 하지만, 그렇다고 해서 광개토왕비와 장군총을 연결시키지 못할 이유는 없다. 고구려 시대에 하천이 무덤과 비석을 구분하는 경계로 인식되었는지는 증명할 수 없는 문제인 데다, 하천이 장군총과 광개토왕비를 가로막는 장벽은 아니기 때문이다. 특히 장군총이 국내성 시기의 마지막 왕릉이라고 한다면, 광개토왕비는 왕릉을 배경으로 두고 국내성에서 장군총으로 가는 길목에 서 있고, 국내성 지역의 왕릉 묘역을 조망하며 굽어보고 있는 위치에 있다는 점도 고려할 필요가 있다. 한편 최근 비의 위치나 방향이 광개토왕릉을 비정하는 근거가 될 수는 없으며 능의 위치나 능과 연관성을 염두에 두고 비가 세워진 것으로 볼 수 없다는 견해도 제시되었다.

따라서 시각을 좀 더 확장하여 지안 전체를 놓고 왕릉의 위치와 비의 위치, 지안고구려비의 위치 등을 종합적으로 살펴볼 필요성이 있다. 지안 전체에서 광개토왕비는 동북쪽 구릉지대에 위치하고 있다. 이 구릉지대를 포함한 지안 일대가 아마 국강상 또는 국원(國原) 등으로 표현된 지역일 듯하다. 여러 견해가 있지만 결론적으로 광개토왕비는 장군총과 짝을 이루는 비로 보이며 장군총은 장수왕이 생전에 축조한 수릉은 아니었을 것으로 판단된다. 즉 장군총은 광개토왕릉으로 유력하다. 장군총의 정면 한가운데 호석이 솔질이 잘된 비석과 유사한 형태를 띤 점도 원래 광개토왕 수묘비(守墓碑) 건립과 일정 부분 관련이 있으리라 추측되기 때문이다. 무리한 상상일지 모르지만 유일하게 표면이 솔질된 장군총 정면 한가운데 호석은 광개토왕 사후, 원래 광개토왕비를 세우기 위해 제작되었다가 폐기된 듯하다. 다른 돌로 광개토왕비를 훈적비(勳績碑)로 세우면서 폐기된 돌은 장군총의 호석으로 사용되었을 개연성이 있다.

광개토왕비는 태왕릉, 임강묘, 우산하 0540호묘, 장군총 등 주변 고분을 모두 아우르는 위치인 길가 구릉에 자리한 것으로 볼 수 있다. 당시 모두가 글을 읽지는 못했을 테니 비에 적힌 구체적인 내용은 모를지라도 6미터가 넘는 거대한 비가 우뚝 서 있는 것만으로 고구려인에게는 무한한 자부심과 광개토왕에 대한 경배의 마음을 떠올리게 만들었을 것이다. 또한 이 비를 세운 장수왕은 이를 통해 부왕의 업적을 계승하고 발전시켜나간다는 정통성을 부여받을 수 있었을 것이다.

비의 탁본

광개토왕비 자체는 1880년에 발견된 직후부터 훼손이 심해 눈으로는 글자를 제대로 알아보기 어려웠다. 그래서 비문 판독 작업은 주로 탁본에 근거해서 이루어져야 했다. 광개토왕비 탁본은 100여 종 넘게 존재하는데, 최근까지도 새로운 탁본이 계속 발굴되어 소개되고 있다. 비가 현존하고 탁본이 다량으로 확보된 상태지만 지금까지 한·중·일 연구자들은 서로 다른 다양한 판독 안을 제시해왔다. 이런 현상이 벌어진 것은 제작 시점과 기법이 달라서 탁본마다 글자 모양이 상이하게 나타난 때문이라고 할 수 있다. 이에 따라 비문의 탁본 자체에 대한 관심이 촉구되었고 그 연구 성과가 꾸

준히 축적되었다. 광개토왕비 발견 이후 학자들의 관심이 집중되고 여러 형태의 탁본이 제작되었다는 사실은 광개토왕비를 둘러싼 오랜 논쟁의 서막을 알리는 신호탄이었다.

광개토왕비 연구에서는 어떤 탁본에 기초하여 판독했는지가 중요하다. 광개토왕비 탁본은 크게 석회를 바르고 탁본한 시기 이전의 원석탁본(原石拓本)과 그 이후의 석회탁본(石灰拓本)으로 구분할 수 있다. 여기에 엄밀한 의미에서 탁본이라 할 수 없는 또 다른 형태가 하나 더 거론될 수 있다. 이른바 묵수곽전본 또는 쌍구곽전본(雙鉤廓塡本: '쌍구雙鉤'는 '글씨를 그대로 베낄 때 획과 자형의 윤곽을 가는 선으로 그려내는 것'을 뜻한다)이라 불리는 것으로 글자를 별도의 종이에 베껴 쓴 것이다. 광개토왕비는 발견된 시점부터 심하게 손상된 상태였기 때문에 1890년대부터는 분명한 탁본을 얻기 위해 비에 석회를 칠하고 또 석회로 일부를 보수했는데 이런 작업 이후 얻어진 것이 석회탁본이다. 석회탁본은 제작 과정에서 비문을 훼손했는데 석회 도포를 통해 일제가 의도적으로 비문을 변조했을 개연성이 있다고 지적되었다.

석회변조설은 광개토왕비에서 가장 주목받아온 고대 한일 관계의 핵심 기록이라 할 수 있는 구절인 이른바 '신묘년조(辛卯年條: 391년 기사)'가 석회칠을 통해 고의로 변조되었다는 주장이다. 이 주장은 많은 주목을 받은 것이 사실이지만 일본군 참모본부에 의한 고의적인 글자 조작은 없었다는 중국 학자 왕젠췬(王健群)의 연구 이후 그 입지가 약화되었다. 그러나 설령 일본 군부가 비문을 직접 조작하지는 않았을지라도 한반도와 대륙 침략을 위한 사전 작업으로서 비문 연구에 조직적으로 가담한 정황만은 분명하다. 그동안 연구 결과 19세기 말부터 일제강점기까지 제작된 탁본의 경위가 밝혀지고 19세기 말 일본 육군 참모본부와 관련한 신문 기사 내용 등이 알려지면서, 석회 도포를 통한 비문 변조 가능성은 희박하다는 것이 현재 한·중·일 학계의 일반적인 견해다.

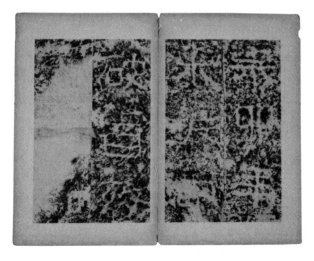

임창순 구장본(청명본) 탁본 신묘년조 부분

석회를 도포한 목적은 비의 훼손에 따른 보수, 탁본 재료를 절감하고 금석문 애호가들의 기호에 맞는 양질의 탁본을 제작하기 위한 작업의 일환, 빈번한 탁본으로 검게 변해버린 능비를 촬영하는 과정에서 비문을 선명하게 드러내기 위한 것 등으로 보고 있다. 하지만 석회변조설이 제기되면서 더욱더 석회탁본에 비해 석회를 칠하기 이전 탁본인 원석탁본의 자료 가치가 중시되었다는 점에서 나름 의미를 가진다고 할 것이다. 또한 일본 학자들의 근대 일본 역사학 체질 문제에 대한 자기반성과 이른바 임나일본부설(任那日本府說)에 대한 전면 재검토가 이루어지는 결정적 계기가 되기도 했으므로 그 연구사의 의미는 적지 않다고 할 수 있다.

현재까지 알려진 광개토왕비와 관련한 주요 탁본을 정리하면 〈표 2〉와 같다.

〈표 2〉 주요 탁본 현황

	명칭	소장처	종류	현존 형태	제작 시점
1	이초경(李超瓊) 구장본(舊藏本)	중국 개인 소장	묵수곽전본	전장본 전책	1880·1881
2	사코 가게노부 본 (酒勾景信本)	도쿄국립박물관 (東京國立博物館)	묵수곽전본	전4폭 정지본	1883 이전
3	다이도큐기념문고본 (大東急記念文庫本)		묵수곽전본		
4	고마쓰 노미야 본 (小松宮本)		원석탁본		1894~1895 이전

5	임창순(任昌淳) 구장본(청명본靑溟本)	개인 소장	원석탁본	전장본 전2책	1880년대
6	서통본(書通本)		원석탁본		
7	왕소잠(王少箴) 구장본	베이징 왕페이전 (王培眞) 소장	원석탁본	전4폭 정지본	
8	중국국가도서관 (中國國家圖書館本)	중국국가 도서관	원석탁본		
9	베이징대학도서관A본 (北京大學圖書館A本)	베이징대학 도서관	원석탁본		
10	베이징대학도서관B본	베이징대학 도서관	원석탁본		
11	베이징대학도서관C본	베이징대학 도서관	원석탁본		
12	베이징대학도서관D본	베이징대학 도서관	원석탁본		
13	베이징대학도서관E본	베이징대학 도서관	원석탁본		
14	미즈다니 데지로 본 (水谷悌二郎本)	베이징대학 도서관	원석탁본		
15	가네코 오테이 본 (金子鷗亭本)		원석탁본		
16	푸쓰녠(傅斯年) 갑본(甲本)	타이완중앙연구원 (臺灣中央研究院)	원석탁본		
17	푸쓰녠 을본(乙本)	타이완 중앙연구원	원석탁본		
18	혜정본	경희대 혜정박물관	원석탁본	전장본 2책 (1면과 2면)	1880년대로 추정
19	통화사범학원본 (通化師範學院)	통화사범학원 고구려연구원	원석탁본	탁본 8매 (2매×4면)	
20	톈진원윈탕 (天津文運堂) 구장본	개인 소장	석회탁본	전장본 전4책	

21	국제한국학연구원본	국제한국 연구원	석회탁본	전장본 전8책	
22	샤반느본 (Chavannes本)		석회탁본	전4폭 정지본	1907
23	서울대박물관본	서울대박물관	석회탁본	전4폭 정지본	
24	서울대규장각본	서울대규장각	석회탁본	전4폭 정지본	
25	국립중앙박물관본	국립중앙 박물관	석회탁본	전4폭 정지본	
26	독립기념관A본	독립기념관	석회탁본	전4폭 정지본	
27	동아대박물관본	동아대박물관	석회탁본	전4폭 정지본	
28	도쿄대건축사본		석회탁본	전4폭 정지본	1913
29	도쿄대문학부A본	도쿄대 고고연구실	석회탁본	전4폭 정지본	
30	도쿄대문학부B본		석회탁본	전4폭 정지본	
31	도쿄대동양문화 연구소본		석회탁본		
32	오차노미즈여대본 (お茶の水女大本)		석회탁본	전4폭 정지본	
33	나이토 고난 (内藤湖南) 구장본	교토대학 (京都大學)	석회탁본	전4폭 정지본	
34	양수경본(楊守敬本)		석회탁본		1902 이전
35	이마니시 류(今西龍) 구장본	덴리대도서관 (天理大圖書館)	석회탁본	전4폭 정지본	1913
36	쓰지모토 겐지조 (辻元謙之造) 구장본	덴리대도서관	석회탁본	전4폭 정지본	1905 이전

37	규슈대본(九州大本)	규슈대	석회탁본		1928
38	서품본(書品本)		석회탁본		1959 이전
39	미쓰이가본(三井家本)	개인 소장	석회탁본		1912 이전
40	우에다 마사아키 본 (上田正昭本)	우에다 마사아키	석회탁본	전4폭 정지본	
41	나카노 마사이치 본 (中野政一本)	나카노 마사이치	석회탁본	전4폭 정지본	1912
42	구로다 본(黑田本)	도쿄국립박물관	석회탁본	전4폭 정지본	
43	나가사키서고본 (長崎西高本)		석회탁본	전4폭 정지본	1929 이전
44	아다치 고이치 (足立幸一) 구장본	교토부립후쿠치야마고 (京都府立福知山高)	석회탁본	전4폭 정지본	
45	나이토 가쿠가이 (内藤確介) 구장본	도쿄 메구로구 (目黑區)	석회탁본	전4폭 정지본	1927~1929
46	타이완국가도서관 (國家圖書館) 갑본(甲本)	타이완 국가도서관	석회탁본	4면 1폭	1927 추정
47	타이완국가도서관 을본(乙本)	타이완 국가도서관	석회탁본	4책 전장본	초기 석회탁본
48	푸쓰녠 병본(丙本)	타이완중앙 연구원	석회탁본		1907 추정
49	푸쓰녠 정본(丁本)	타이완중앙 연구원	석회탁본		1927 추정
50	장암본(莊巖本)	개인 소장	석회탁본		
51	가쿠슈인본(學習院本)	히다이 난코쿠 (比田井南谷)	석회탁본	전4폭 정지본	1930년대

| 52 | 장명선본(張明善本) | | 석회탁본 | | 1963 |
| 53 | 저우윈타이본
(周雲台本) | | 석회탁본 | | 1981 |

- 이정빈, 「광개토왕비 탁본 연구방법의 성과와 과제」, 『동북아역사논총』 49, 2015에서 작성한 표를 일부 수정·보완함.
- 전장본(剪裝本): 글줄을 오리고 편집하여 책으로 만든 형태
- 정지본(整紙本): 바른 종이를 가지런하게 붙여서 만든 형태

　탁본의 편년은 절대연대와 상대연대 측정 방식으로 살펴볼 수 있다. 절대연대 측정 방식은 제작 시점이 발문 등을 통해 기록으로 남아 있어서 정확한 연대를 확인할 수 있는 방법이다. 반면 상대연대 측정 방식은 탁본에 나타난 수법의 정밀도나 문자의 형태 등으로 확인하는 탁출법, 탁본상의 공백 확인 등 착묵의 정도를 확인하는 착묵법, 탁본할 때 붙인 소탁지를 취급했던 방법을 확인하는 용지법, 각 탁본에 나타난 자형의 특징을 찾아내는 자형비교법 등 탁본의 형식 분류를 통해 연대를 추정하는 방법이다. 이러한 방법을 통해 탁본의 제작자나 제작시점을 어느 정도 가늠해 볼 수 있는 것이다. 모든 탁본이 이러한 방법으로 조사된 것이 아니기 때문에 소장 기관의 탁본들을 정밀하게 조사할 필요성이 있다. 이런 과정을 통해 탁본의 제작 연대를 어느 정도 밝힐 수 있는 것이다.

절대연대가 확실한 탁본이 극소수이기 때문에 탁본의 형식 분류와 편년 추정은 탁본 제작 시점을 분명히 함으로써 자료 가치를 파악하기 위해 시도되었다. 특히 자료 가치가 상대적으로 높은 원석탁본의 탐색이 주요 과제였다고 할 수 있는데, 그것은 원석탁본이 비문의 원형에 가깝기 때문이다. 한국에는 임창순 구장본으로 알려졌던 청명본과 최근 경희대 혜정박물관에서 소장하고 있는 혜정본, 단 2본만이 원석탁본으로 알려져 있어 자료로서 가치가 매우 높다.

비문의 판독과 해석

광개토왕비는 비석에 세로선을 그어 각행을 표시했다. 1면이 11행, 2면이 10행, 2면이 14행, 4면이 9행으로 총 44행이고, 새겨진 글자의 수는 모두 1,775자다. 그리고 1면 6행 마지막에 2자가 들어갈 공란이 있다. 이 가운데 150여 자는 판독이 거의 불가능하다. 글자의 크기는 11~16센티미터까지 분포하고 있어 일정하지 않은 편이다. 원문과 해석문은 아래와 같다.

(第一面)

惟昔始祖鄒牟王之創基也出自北夫餘天帝之子母河伯女郎剖卵降世

生而有聖□□□□□□命駕巡幸南下路由夫餘奄利大水王臨津言曰
我是皇天之子母河伯女郎鄒牟王爲我連葭浮龜應聲卽爲連葭浮龜然
後造渡於沸流谷忽本西城山上而建都焉不樂世位因遣黃龍來下迎王
王於忽本東履龍頁昇天顧命世子儒留王以道興治大朱留王紹承基業
遝至十七世孫國上廣開土境平安好太王二九登祚號爲永樂大王恩澤
洽于皇天武威振被四海掃除□□庶寧其業國富民殷五穀豊熟昊天不
弔卅有九寔駕棄國以甲寅年九月廿九日乙酉遷就山陵於是立碑銘記
勳績以示後世焉其詞曰

永樂五年歲在乙未王以稗麗不□□人躬率往討過富山負山至鹽水上
破其三部洛六七百營牛馬群羊不可稱數於是旋駕因過襄平道東來□
城力城北豊五備□遊觀土境田獵而還百殘新羅舊是屬民由來朝貢而
倭以辛卯年來渡□破百殘□□新羅以爲臣民以六年丙申王躬率□軍
討伐殘國軍□□首攻取寧八城曰模盧城各模盧城幹氐利城□□城閣
彌城牟盧城彌沙城□舍蔦城阿旦城古利城□利城雜珍城奧利城勾牟
城古模耶羅城頁□□□□城□而耶羅城瑑城於利城□□城豆奴城沸
□□

(第二面)

利城彌鄒城也利城太山韓城掃加城敦拔城□□□城婁賣城散那城那
旦城細城牟婁城于婁城蘇灰城燕婁城析支利城巖門□城林城□□□
□□□□利城就鄒城□拔城古牟婁城閏奴城貫奴城彡穰城曾□城□

□盧城仇天城□□□□□其國城殘不服義敢出百戰王威赫怒渡阿利水遣刺迫城□□歸穴□便圍城而殘主困逼獻出男女生□一千人細布千匹跪王自誓從今以後永爲奴客太王恩赦□迷之愆錄其後順之誠於是得五十八城村七百將殘主弟幷大臣十人旋師還都八年戊戌敎遣偏師觀愼土谷因便抄得莫□羅城加太羅谷男女三百餘人自此以來朝貢論事九年己亥百殘違誓與倭和通王巡下平穰而新羅遣使白王云倭人滿其國境潰破城池以奴客爲民歸王請命太王恩慈矜其忠誠□遣使還告以□計十年庚子敎遣步騎五萬往救新羅從男居城至新羅城倭滿其中官軍方至倭賊退□□背急追至任那加羅從拔城城卽歸服安羅人戌兵□新羅城□城倭寇大潰城□□□盡□□□安羅人戌兵新□□□□其□□□□□□□言

□□□□□□□□□□□□□□□□□□□□□□□□□□□□□辭□□□□□□□□□□□□□潰□□□□安羅人戌兵昔新羅寐錦未有身來論事□國上廣開土境好太王□□□□寐錦□□僕勾□□□□朝貢十四年甲辰而倭不軌侵入帶方界□□□□□石城□連船□□□王躬率□□從平穰□□□鋒相遇王幢要截盪刺倭寇潰敗斬煞無數十七年丁未敎遣步騎五萬□□□□□□□□□師□□合戰斬煞蕩盡所獲鎧鉀一萬餘領軍資器械不可稱數還破沙溝城婁城□住城□城□□□□□□城廿年庚戌東夫餘舊是鄒牟王屬民中叛不貢王躬率往

討軍到餘城而餘□國駭□□□□□□□□□王恩普覆於是旋還又其

慕化隨官來者味仇婁鴨盧卑斯麻鴨盧椯社婁鴨盧肅斯舍鴨盧□□□

鴨盧凡所攻破城六十四村一千四百守墓人烟戶賣句余民國烟二看烟

三東海賈國烟三看烟五敦城民四家盡爲看烟于城一家爲看烟碑利城

二家爲國烟平穰城民國烟一看烟十訾連二家爲看烟俳婁人國烟一看

烟卅三梁谷二家爲看烟梁城二家爲看烟安夫連廿二家爲看烟改谷三

家爲看烟新城三家爲看烟南蘇城一家爲國烟新來韓穢沙水城國烟一

看烟一牟婁城二家爲看烟豆比鴨岑韓五家爲看烟勾牟客頭二家爲看

烟求底韓一家爲看烟舍蔿城韓穢國烟三看烟廿一古模耶羅城一家爲

看烟炅古城國烟一看烟三客賢韓一家爲看烟阿旦城雜珍城合十家爲

看烟巴奴城韓九家爲看烟臼模盧城四家爲看烟各模盧城二家爲看烟

牟水城三家爲看烟幹氐利城國烟一看烟三彌鄒城國烟一看烟

(第四面)

七也利城三家爲看烟豆奴城國烟一看烟二奧利城國烟一看烟八須鄒

城國烟二看烟五百殘南居韓國烟一看烟五太山韓城六家爲看烟農賣

城國烟一看烟七閏奴城國烟二看烟廿二古牟婁城國烟二看烟八瑑城

國烟一看烟八味城六家爲看烟就咨城五家爲看烟彡穰城廿四家爲看

烟散那城一家爲國烟那旦城一家爲看烟勾牟城一家爲看烟於利城八

家爲看烟比利城三家爲看烟細城三家爲看烟國上廣開土境好太王存

時敎言祖王先王但敎取遠近舊民守墓洒掃吾慮舊民轉當嬴劣若吾萬

年之後安守墓者但取吾躬巡所略來韓穢令備洒掃言教如此是以如教

令取韓穢二百廿家慮其不知法則復取舊民一百十家合新舊守墓戶國

烟卅看烟三百都合三百卅家自上祖先王以來墓上不安石碑致使守墓

人烟戶差錯唯國上廣開土境好太王盡爲祖先王墓上立碑銘其烟戶不

令差錯又制守墓人自今以後不得更相轉賣雖有富足之者亦不得擅買

其有違令賣者刑之買人制令守墓之

　시조(始祖) 추모왕(鄒牟王)이 나라를 세웠는데 북부여(北夫
餘)에서 태어났으며, 천제(天帝)의 아들이었고 어머니는 하백
(河伯)의 따님이었다. 알을 깨고 세상에 나왔는데, 태어나면서
부터 성(聖)스러운 … 이 있었다. 길을 떠나 남쪽으로 내려가는
데, 부여의 엄리대수(奄利大水)를 거쳐 가게 되었다. 왕이 나룻
가에서 "나는 천제(天帝)의 아들이며 하백(河伯)의 따님을 어머
니로 한 추모왕이다. 나를 위해 갈대를 연결하고 거북이 무리
를 짓게 하라"라고 했다. 말이 끝나자마자 곧 갈대가 연결되고
거북 떼가 물위로 떠올랐다. 그리하여 강물을 건너가서, 비류
곡(沸流谷) 홀본(忽本) 서쪽 산상(山上)에 성(城)을 쌓고 도읍을
세웠다. 왕이 왕위에 싫증을 내니, 황룡(黃龍)을 보내어 내려와
서 왕을 맞이했다. 왕은 홀본(忽本) 동쪽 언덕에서 용의 머리를
디디고 서서 하늘로 올라갔다. 유명(遺命)을 이어받은 세자(世
子) 유류왕(儒留王)은 도(道)로써 나라를 잘 다스렸고, 대주류왕

(大朱留王)은 왕업(王業)을 계승하여 발전시켰다.

17세손(世孫)에 이르러 국강상광개토경평안호태왕(國岡上廣開土境平安好太王)이 18세에 왕위에 올라 칭호를 영락대왕(永樂大王)이라 했다. 은택(恩澤)이 하늘까지 미쳤고 위무(威武)는 사해(四海)에 떨쳤다. …를 쓸어 없애니, 백성이 각기 그 생업에 힘쓰고 편안히 살게 되었다. 나라는 부강하고 백성은 유족해졌으며, 오곡이 풍성하게 익었다. 하늘이 어여삐 여기지 아니하여 39세에 세상을 버리고 떠나시니, 갑인년(甲寅年) 9월 29일 을유(乙酉)에 산릉(山陵)으로 모시었다. 이에 비를 세워 그 공훈을 기록하여 후세에 전한다. 그 말씀[詞]은 아래와 같다.

영락(永樂) 5년 을미(乙未)에 패려(稗麗)가 고구려인에 대한 …, 왕이 친히 군사를 이끌고 가서 토벌했다. 부산(富山), 부산(負山)을 지나 염수(鹽水)에 이르러 그 3개 부락(部洛) 600~700영(營)을 격파하니, 노획한 소·말·양의 수가 이루 다 헤아릴 수 없었다. 이에 왕이 행차를 돌려 양평도(襄平道)를 지나 동으로 □성(□城), 역성(力城), 북풍(北豊), 오비□(五備□)로 오면서 영토를 시찰하고, 수렵을 한 후에 돌아왔다. 백잔(百殘), 신라(新羅)는 예부터 고구려 속민(屬民)으로 조공(朝貢)을 해왔다. 그런데 왜(倭)가 신묘년(辛卯年)에 … 건너와 백잔(百殘) □ 라를 파(破)하고 신민(臣民)으로 삼았다.

영락 6년 병신(丙申)에 왕이 친히 군을 이끌고 백잔국(百殘

國)을 토벌했다. 고구려군이 …하여 영팔성, 구모로성, 각모로성, 간저리성, □□성, 각미성, 모로성, 미사성, □사조성, 아단성, 고리성, □리성, 잡진성, 오리성, 구모성, 고모야라성, 혈□□□□성, □이야라성, 전성, 어리성, □□성, 두노성, 비□□리성, 미추성, 야리성, 태산한성, 소가성, 돈발성, □□□성, 루매성, 산나성, 나단성, 세성, 모루성, 우루성, 소회성, 연루성, 석지리성, 암문□성, 임성, □□□□□□□리성, 취추성, □발성, 고모루성, 윤노성, 관노성, 삼양성, 증□성, □□노성, 구천성 … 등을 공취하고, 그 수도(首都)를 … 했다. 백잔(百殘)이 의(義)에 복종치 않고 감히 나와 싸우니 왕이 크게 노하여 아리수를 건너 정병(精兵)을 보내어 그 수도에 육박했다. … 곧 그 성을 포위했다. 이에 백잔주(百殘主)가 곤핍(困逼)해져, 남녀 생구(生□) 1,000명과 세포(細布) 1,000필을 바치면서 왕에게 항복하고, 이제부터 영구히 고구려 왕의 노객(奴客)이 되겠다고 맹세했다. 태왕(太王)은 앞의 잘못을 은혜로 용서하고 뒤에 순종해 온 그 정성을 기특히 여겼다. 이에 58성 700촌을 획득하고 백잔주(百殘主)의 아우와 대신 10인을 데리고 수도로 개선했다.

영락 8년 무술(戊戌)에 한 부대의 군사를 파견하여 백신(帛愼: 식신息愼, 숙신肅愼) 토곡(土谷)을 관찰(觀察)·순시(巡視)했으며, 그때 모□라성(莫□羅城) 가태라곡(加太羅谷)의 남녀 300여 인을 잡아왔다. 이 이후로 조공(朝貢)을 하고 보고하며 명(命)

을 받았다.

영락 9년 기해(己亥)에 백잔(百殘)이 맹세를 어기고 왜와 화통했다. 왕이 평양으로 행차하여 내려갔다. 그때 신라 왕이 사신을 보내어 아뢰기를, "왜인(倭人)이 그 국경(國境)에 가득 차 성지(城池)를 부수고 노객(奴客)으로 하여금 왜의 민(民)으로 삼으려 하니 이에 왕께 귀의(歸依)하여 구원을 요청합니다"라고 했다. 태왕이 은혜롭고 자애로워 신라 왕의 충성을 갸륵히 여겨, 신라 사신을 보내면서 계책을 … 돌아가서 고하게 했다.

10년 경자(庚子)에 왕이 보병과 기병 도합 5만 명을 보내어 신라를 구원하게 했다. 남거성(男居城)을 거쳐 신라성(新羅城)에 이르니, 그곳에 왜군이 가득했다. 관군(官軍)이 막 도착하니 왜적이 퇴각했다. 그 뒤를 급히 추격하여 임나가라(任那加羅)의 종발성(從拔城)에 이르니 성(城)이 곧 항복했다. 안라인 수병(安羅人戍兵) … 신라성(新羅城) ㅁ성(ㅁ城) … 했고, 왜구가 크게 무너졌다. (이하 77자 중 거의 대부분이 불분명한데, 대체로 고구려군의 원정에 따른 임나가라 지역에서의 전투와 당시 정황을 서술했을 것으로 추정된다.) 옛적에는 신라 매금(寐錦)이 몸소 고구려에 와서 보고를 하며 청명(聽命)을 한 일이 없었는데, 국강상광개토경호태왕(國岡上廣開土境好太王) 대(代)에 이르러 … 신라 매금이 … 하여 조공(朝貢)했다.

14년 갑진(甲辰)에 왜가 법도(法度)를 지키지 않고 대방(帶

方) 지역에 침입했다. … 석성(石城) …, 연선(連船) … 평양을 거쳐 … 서로 맞부딪치게 되었다. 왕의 군대가 적의 길을 끊고 막아 좌우로 공격하니, 왜구가 궤멸했다. 참살한 것이 무수히 많았다.

17년 정미(丁未)에 왕의 명령으로 보군과 마군 도합 5만 명을 파견하여 … 합전(合戰)하여 모조리 살상하여 분쇄했다. 노획한 갑옷이 1만여 벌이며, 그 밖에 군수물자는 그 수를 헤아릴 수 없이 많았다. 또 사구성(沙溝城), 루성(婁城), □주성(□住城), □성(城)□□□□□□성(城)을 파했다.

20년 경술(庚戌), 동부여는 옛적에 추모왕의 속민(屬民)이었는데, 중간에 배반하여 조공을 하지 않게 되었다. 왕이 친히 군대를 끌고 가 토벌했다. 고구려군이 여성(餘城: 동부여의 왕성)에 도달하자, 동부여의 온 나라가 놀라 두려워하여 …. 왕의 은덕이 동부여의 모든 곳에 두루 미치게 되었다. 이에 개선을 했다. 이때 왕의 교화를 사모하여 개선군(凱旋軍)을 따라 함께 온 자는 미구루압로(味仇婁鴨盧), 비사마압로(卑斯麻鴨盧), 타사루압로(椯社婁鴨盧), 숙사사압로(肅斯舍鴨盧), □□□압로(□□□鴨盧)였다. 무릇 공파(攻破)한 성(城)이 64개, 촌(村)이 1,400곳이었다. 수묘인연호(守墓人烟戶) … 매구여민(賣句余民)은 국연(國烟)이 2가(家), 간연(看烟)이 3가. 동해고(東海賈)는 국연이 3가, 간연이 5가. 돈성민(敦城民)은 4가 모두 간연. 우성(于城)의 1가는 간연, 비리성(碑利城)의 2가는 국연. 평양성민(平穰城民)은 국연 1가, 간연 10가. 자련(訾連)의 2가는 간연. 배루인(俳婁人)은 국연 1가, 간연 43가. 양곡(梁谷) 2가는 간연. 양성(梁城) 2가는 간연. 안부련(安夫連)의 22가는 간연. 개곡(改谷)의 3가는 간연. 신성(新城)의 3가는 간연. 남소성(南蘇城)의 1가는 국연. 새로 약취(略取)해 온 한(韓)과 예(穢) … 사수성(沙水城)은 국연 1가, 간연 1가. 모루성(牟婁城)의 2가는 간연. 두비압잠(豆比鴨岑) 한(韓)의 5가는 간연. 구모객두(勾牟客頭)의 2가는 간연. 구저한(求底韓)의 1가는 간연. 사조성(舍蔦城)의 한예(韓穢)는 국연 3가, 간연 21가. 고모야라성(古模耶羅城)의 1가는 간연. 경고성(炅古城)은 국연 1가, 간연 3가. 객현한(客賢韓)의 1가는 간연. 아단성(阿旦城)과 잡진성(雜珍城)은 합하여 10가가 간연. 파노성(巴奴城) 한(韓)은 9가가 간연. 구모로성(臼模盧城)의 4가는 간연. 각모로성(各模盧城)의 2가는 간연. 모수성(牟水城)의 3가는 간연. 간저리성(幹氐利城)은 국연 1가, 간연 3가. 미추성(彌鄒城)은 국연 1가, 간연 7가. 야리성(也利城)은 3가가 간연. 두노성(豆奴城)은 국연 1가, 간연 2가. 오리성(奧利城)은 국연 1가, 간연 8가. 수추성(須鄒城)은 국연 2가, 간연 5가. 백잔남거한(百殘南居韓)은 국연 1가, 간연 5가. 태산한성(太山韓城)의 6가는 간연. 풍매성(農賣城)은 국연 1가, 간연 7가. 윤노성(閏奴城)은 국연 2가, 간연 22가. 고무루성(古牟婁城)은 국연 2가, 간연 8가.

전성(瑑城)은 국연 1가, 간연 8가. 미성(味城)은 6가가 간연. 취자성(就咨城)은 5가가 간연. 삼양성(彡穰城)은 24가가 간연. 산나성(散那城)은 1가가 국연. 나단성(那旦城)은 1가가 간연. 구모성(勾牟城)은 1가가 간연. 어리성(於利城)의 8가는 간연. 비리성(比利城)의 3가는 간연. 세성(細城)의 3가는 간연.

국강상광개토경호태왕이 살아 계실 때 교(敎)를 내려 말하기를, "선조(先祖) 왕들이 다만 원근(遠近)에 사는 구민(舊民)들만 데려다가 무덤을 지키며 소제를 맡게 했는데, 나는 이들 구민이 점점 몰락하게 될 것이 염려된다. 만일 내가 죽은 뒤 나의 무덤을 편안히 수묘하는 일에는 내가 몸소 다니며 약취(略取)해 온 한인(韓人)들과 예인(穢人)들만 데려다가 무덤을 수호·소제하게 하라"라고 했다. 왕의 말씀이 이와 같았으므로 그에 따라 한(韓)과 예(穢)의 220가(家)를 데려다가 수묘케 했다. 그런데 그들 한인과 예인이 수묘의 예법(禮法)을 잘 모를 것이 염려되어, 다시 구민(舊民) 110가를 더 데려왔다. 신(新)·구(舊) 수묘호를 합쳐, 국연이 30가고 간연이 300가로, 도합 330가다. 선조(先祖) 왕들 이래로 능묘에 석비(石碑)를 세우지 않았기 때문에 수묘인연호(守墓人烟戶)들이 섞갈리게 되었다. 오직 국강상광개토경호태왕께서 선조 왕들을 위해 묘상(墓上)에 비(碑)를 세우고 그 연호(烟戶)를 새겨 기록하여 착오가 없게 하라고 명했다. 또한 왕께서 규정을 제정하시어, '수묘인을 이제부터 다시 서로 팔아넘기지 못하며, 비록 부유한 자가 있을지라도 또한 함부로 사들이지 못할 것이니, 만약 이 법령을 위반하는 자가 있으면, 판 자는 형벌을 받을 것이고, 산 자는 자신이 수묘(守墓)하도록 하라'고 했다.

- 노태돈, 「광개토왕릉비」, 한국고대사회연구소 편,

『역주 한국고대금석문』 제1권, 가락국사적개발연구원, 1992 참고

비문의 내용 분석

광개토왕에 대한 기록은 『삼국사기』와 광개토왕비문의 내용에 약간 차이가 난다. 광개토왕비에는 왕의 재위 기간을 391년부터 412년까지로 설정하고 있는데 비해 『삼국사기』에는 392년부터 413년까지로 되어 있다. 즉 1년의 차이가 있고 해당 연도의 기사 내용 역시 조금씩 다르다. 재위 기간 동안 영락(永樂)이라는 연호(年號)를 사용했으므로 영락대왕이라 했다. 시호(諡號)는 國岡上廣開土境平安好太王(국강상광개토경평안호태왕)으로 '장지(葬地)-훈적(勳績)-치세(治世)-태왕호(太王號)'로 구성되어 있다. 『삼국사기』에 전하는 이름은 담덕(談德)인데 중국 측 기록에는 안(安)으로도 전한다. 고국양왕의 태자로 책봉되었다가 부왕의 사후 즉위했다. 광개토왕 대의 역사적 행적에 대해서는 『삼국사기』와 광개토왕비문에 이처럼 다소 차이가 있다.

광개토왕비문의 내용이 대략 세 부분으로 구성되어 있다는 데는 대부분 동의하는 듯하다. 물론 크게 두 부분이라고 이해하기도 하지만 형식상으로는 그렇다 하더라도 내용상으로는 세 부분으로 보는 것이 순리라고 판단된다.

비의 첫 번째 부분인 1부는 고구려의 건국과 추모왕, 유류왕, 대주류왕에 이르는 3대의 왕위 계승, 17세손 광개토왕의 행장에 관한 간략한 기술이다. 두 번째 부분인 2부는 광개토왕의 정복 활동을 연대순으로 기술하고 있다. 세 번째 부분인 3부는 '묘상입비'를 비롯한 수묘제(守墓制) 정비와 수묘인 연호(守墓人烟戶: 고구려 시대에 왕릉과 같은 특별한 묘를 지키는 사람들을 차출하던 가호. 또는 수묘인이 소속된 가호)의 구성, 그리고 그와 관계된 매매 금지령 같은 법령을 담고 있다.

한편 광개토왕비의 내용상 수사 방식을 1부는 과거, 2부는 현재, 3부는 미래로 이해하거나 전개 방식을 1부는 대과거, 2부는 과거, 3부는 현재와 미래에 관련지어 이해하기도 한다. 아울러 비문 각 문장의 서술 방식이 과거, 현재, 미래를 연관시키는 역사적 서술법이라 보기도 한다. 이러한 견해들은 수사 방식이나 서술 방식을 이해하려는 의도에서는 매우 의미 있는 시도지만 광개토왕을 기준으로 삼아 시제를 파악한 것은 문제가 있다. 광개토왕비 텍스트를 정리한 시점이 장수왕 대라는 점을 고려할 필요가 있는 것이다. 비의 건립 시점인 장수왕 대를 놓고 보면 내용상 시제 자체가 미래로 한정될 수 있는 구절은 "於是立碑銘記勳績 以示後世焉(어시입비명기훈적 이시후세언: 이에 비를 세워 훈적을 기록하여 후세에 보인다)" 같은 구절 정도다. 대부분의 내용이 현재와 미래를 같이 포함하거나 미래를 현재의 연장과 유지라는 한정된 의미로 사용한 것으로 읽을 수밖에 없다.

광개토왕비문이 순수 한문식이 아니라는 주장도 오래전부터 제기되었다. 최근 연구에 따르면 중국으로부터 한자나 한문을 수입하여 자국화하기 시작한 단계의 구체적인 모습이 광개토왕비에서 확인된다. 다시 말해 이두(吏讀) 발달의 초기 모습이 광개토왕비에 보인다는 것이다. 이러한 점은 광개토왕비가 형태만이 아니라 문장 형식에서도 고구려의 독자성을 드러낸다는 사실을 더욱 강화해줄 여지를 제공한다. 또한 광개토왕비가 의도적으로 4자나 6자의 운문 요소가 강한 문구로 작성된 것으로 보기도 한다.

1부는 서문 격으로 1면 1행부터 6행까지 걸쳐 추모왕(鄒牟王: 주몽朱蒙, 동명성왕)의 건국신화를 비롯하여 대주류왕(大朱留王: 대무신왕)에서 광개토왕에 이르는 대왕의 세계(世系)와

약력, 비의 건립 경위가 기술되어 있다.

고구려 초기 왕계(王系)에 대해서는 『삼국사기』「고구려본기」 초기 기록의 왕계 문제와 중국 사서 『삼국지(三國志)』의 고구려 왕실 교체에 관한 기록 등과 맞물려 일찍부터 다양한 논의가 이루어졌다. 왕실 교체에 대해 부정적 견해를 피력한 쪽은 일본인 학자들이다. 이들은 일찍부터 『삼국사기』「고구려본기」의 초기 왕계와 광개토왕비문의 왕계가 거의 일치하고 『삼국사기』에 보이는 고구려 왕 이이모(伊夷模)의 '경작신국(更作新國: 새로 나라를 세움)' 기사 등을 통해 볼 때 연노부(涓奴部)에서 계루부(桂婁部)로의 왕실 교체는 이이모가 환도성(丸都城)에 새 도성을 연 것을 의미한다면서 왕실 교체 자체가 없었다고 주장했다. 이에 대해 한국 학자들은 사료에 보이는 고구려 초기 왕실 교체 기사를 인정하고 그 실체를 구명하기 위한 여러 해석들을 내놓았다. 『삼국사기』에 나오는 송양(松壤)을 『삼국지』의 소노부(消奴部)와 동일한 실체로 파악하고 주몽 대에 소노부에서 계루부로 왕실 교체가 일어났다고 보거나 제6대 태조왕 때 다른 형태의 왕실 교체가 이루어졌다고 보기도 한다. 『삼국유사』『삼국사기』 등의 기록을 근거로 해씨(解氏)에서 고씨(高氏)로 왕계가 교체된 것으로 이해하는 것이다. 또 유리왕 대 왕실 교체가 일어났다는 주장도 있다.

왕실 교체 외에 광개토왕비문과 『삼국사기』, 그리고 중국
사서가 전하는 고구려 초기의 왕명, 왕계 세대수 차이 등에
대한 원인 구명과 왕계 복원 및 왕계 인식의 성립 시기에 대
한 논의 또한 다양하게 이루어졌다.

먼저 초기 왕계의 실질 시조는 산상왕으로 이때부터 광개
토왕 대까지 이어졌다고 보는 견해가 있다. 그러다가 주몽
을 시조로 하는 초기의 전설 왕계가 4세기 말에 형성되었고
6세기 이후 태조왕계 인식이 성립되면서 현전하는 고구려
왕계 인식이 형성되었다는 것이다.

한편 비문에 전하는 왕계와 『삼국사기』 왕계를 비교·분석
하는 작업을 통해, 『삼국사기』의 왕계가 비문에 비해 4세대
가 부족한 것은 왕명 누락이 아니라 부자 상속을 형제 상속
으로 처리하면서 빚어진 세대수 단축에서 비롯되었다고 주
장하기도 한다. 기본적으로 계루부 왕실의 등장 시기는 주몽
대며 이때부터 이미 왕위의 부자 상속 체계가 확립되어 『삼
국사기』에 형제 상속으로 나타나는 태조왕과 차대왕, 고국
천왕과 산상왕이 실제로는 부자 상속이었을 것이라고 추정
한다. 이러한 분석은 고구려 초기 왕계 복원을 위한 새로운
시도라는 측면에서 의의를 가지지만 기본적으로 『삼국사기』
초기 기록에 대한 불신을 바탕을 깔고 이루어진 해석이라서
일정한 한계점을 동시에 가진다.

광개토왕비문에 보이는 왕실의 세계 인식에 대해서는 장수왕 대에 이루어진 것으로 보기도 하고, 소수림왕 대에 이루어진 것으로 보기도 한다. 전자는 장수왕 대에 이르러 시조 동명왕부터 당대까지 왕실 세계가 정리되면서 태조왕 대신 동명왕과 대무신왕이 중시되기 시작했다고 보는 관점이다. 후자는 동천왕 이전 어느 시기에 태조왕 등 3대 왕에 대한 왕계 인식이 이미 성립되어 있었고, 이후 소수림왕 대에 추모왕을 시조로 하는 새로운 왕계 인식이 성립되었다는 관점이다. 다만 3대 왕의 관계의 대해 할아버지[祖], 아들[子], 손자[孫]으로 전하는 『후한서』와 친형제로 전하는 『삼국사기』의 기록은 둘 다 일방적으로만 해석하기 어려우며, 3대 왕이 친형제는 아니지만 형제에 속하는 친족 관계거나 정치적 의도가 반영된 표현이라고 추측하기도 한다. 한편 태조왕, 차대왕, 신대왕 등의 왕호와 고국양왕 이하의 장지명 왕호가 먼저 성립하고 뒤에 초기 다섯 왕의 왕호가 추가로 정리되었다고 보는 견해도 있다.

2부는 광개토왕비문의 핵심을 이루는 부분으로 1면 7행에서 3면 8행에 걸쳐서 대왕의 정복 활동과 토경순수(土境巡狩: 국경을 두루 살피며 돌아다님) 기사가 연대순으로 기술되어 있다. 특히 비문에 실린 천제지자(天帝之子), 황천(皇天), 신민(臣民), 조공(朝貢), 속민(屬民) 같은 표현을 볼 때 독자적 천하관을 형성한 것으로 보인다. 이는 당시 고구려가 중앙집권적 영역 국가 체제를 확립하고 활발한 정복 활동을 통해 한반도와 만주에서 군사적 우위와 국력 신장을 이루어냈기에 가능했다. 또한 국제무대에서는 중원 대륙이 위진남북조(魏晉南北朝) 시대라는 혼란기여서 당시 동아시아 정국을 주도한 나라이기도 했다. 고구려의 천하관은 기본적으로는 중국식 천하관과 유사한 측면도 있으나 자국의 자주성과 특성을 강한 자부심으로 표현한 독자성을 띤 것으로 이해된다. 중국 춘추시대(春秋時代)에 처음으로 나타난 '천하(天下)'라는 용어는 보통 전통 사회에서는 하늘로부터 이 세상을 다스리도록 권한을 위임받은 천자(天子)의 권위 아래 있는 온 세상을 말한다. 천하에 대한 인식인 천하관은 현실 세상에서 자국의 위상이 어떠한지를 드러내주는 것이라서, 국내외 현실 정치 질서와 현상에 대한 그 나라의 인식이 고스란히 담겨 있다. 천하관은 중국으로부터 동아시아 여러 나라에 전파되었고, 당시 동북아시아에 위치한 고구려 또한 이를 받아들였다. 고구려의 천하관은 특히 5세기에 작성된 광개토왕비, 모두루 묘지명, 충주고구려비 등의 비문과 묘지명에 잘 나타나 있다. 이 자료들에 근거하여 살펴볼 때 사학자 노태돈은 고구려의 천하관을 크게 3가지로 제시한 바 있다.

첫째, 고구려의 1차적 천하는 고구려 왕의 은택이 직접 미치는 공간으로 왕이 다스리는 영토라고 할 수 있다. 고구려는 건국 초기부터 강력한 왕권을 가진 국가는 아니었다. 1~2세기 태조왕 대부터 왕권이 강화되다가, 5세기경에는 초월적 권력자로서 왕의 면모를 강조함에 따라 비문에 황천(皇天), 천제(天帝), 일월(日月) 같은 표현이 등장했다. 고구려 시조는 인격신(人格神)이자 조상신으로 바로 천제의 아들이자 일월의 아들이므로 그 후예인 고구려 왕은 자연히 천손(天孫)이 된다. 그는 온 세상을 지배하는 최고 권력자이며 천상과 지상을 매개할 수 있는 최고 사제로서 성격을 지니는 존재다. 이러한 신성한 왕의 지배 아래 있는 고구려는 당연히 인접한 다른 나라들보다 우월한 지위를 지닌 국가다. 충주고구려비에 나오는 '대왕국토(大王國土)'는 고구려 왕 또는 태왕(太王)이 직접 통치하는 영토로 바로 고구려인의 1차적 천하를 가리킨다.

둘째, 2차적 천하는 고구려 왕의 권위 아래 종속되어 있거나 종속되어 있어야 한다고 여기는 주변국을 아우르는 공간이다. 고구려는 종속 관계에 있던 주변국들과 관계를 상하 조공 관계(朝貢關係)라고 했다. 광개토왕비에서는 백제와 신라 그리고 동부여 등이 예로부터 고구려의 속민으로서 조공을 바쳐왔는데 중간에 조공을 바치지 않으므로 정벌한다고 했다. 물론 이는 고구려가 일방적으로 과장한 측면이 있긴 하지만 이들 국가와 관계에 대해 당시 고구려가 지녔던 인식을 잘 보여준다. 고구려와 조공국의 상호 관계에서 조공국이 고구려에 공물을 보내면 고구려는 답례로 그에 상응하는 물자를 주었다. 또한 고구려는 조공국이 위기에 처했을 때 군사 지원을 하거나 그 왕실의 안전을 위한 조치를 취했다. 예컨대 광개토왕비에는 신라에 침입한 왜를 물리치기 위해 군사를 보낸 내용이 나온다. 이런 행위를 통해 고구려는 조공국에 정치적 영향력을 미쳐서 고구려를 중심으로 한 국제 권역을 유지하려 했다. 이를 '수천(守天)' 즉 '천도(天道) 또는 천제의 뜻을 지켜나가는 것'이라 여겼다. 또한 충주고구려비에 나오는 것처럼 고구려와 조공국을 '화(華)-고구려'와 '이(夷)-신라'로 대비하여 표현하기도 했으며 상하 관계를 드러내는 의복을 하사하는 상징 행위도 이루어졌다. 보통 의복이나 깃발 등의 하사는 책봉(冊封)과 더불어 조공국에 대해 하는 일련의 상징 행위였다. 그러나 이러한 관계는 현실보다 다소 과장된 측면이 있다. 실제로는 완전한 종속 관계라기보다 대단히 형식적인 겉보기 관계였을 따름이다.

셋째, 3차적 천하는 당시 사람들의 '세계'로서 동아시아 전역을 뜻한다. 그 세계는 병존하는 몇 개의 천하로 구성되는데 그중 하나가 고구려를 중심으로 한 천하라고 여겼다. 일원적인 세계 질서를 추구한 중국과 달리 고구려는 세계에는 여러 개의 천하가 있다는 논리를 지녔는데 이에 따라 고구려 천하 또한 여러 천하들 가운데 하나라고 인식했다. 일원적인 세계질서 아래 화이관(華夷觀)이라는 이분법을 적용한 중국과 달리 다원적인 천하관을 바탕으로 삼은 고구려는 주변의 다른 천하관을 가진 여러 나라와 공존할 수 있었다. 이는 당시 고구려 군주의 칭호를 통해 엿볼 수 있는데 천제의 아들이라고 자처하면서 왕이나 태왕(太王)이라고 표현했다. 중국식 천하관을 수용하여 조공이나 연호 같은 제도와 화이관 등으로 대표되는 관념까지 차용하여 자기 나라의 존엄과 독자성을 과시하려 했으면서도 가장 상징적인 의미를 지니는 군주의 칭호에 대해서는 황제라 칭하지 않았다. 당시 중국 대륙이 분열되어 통일 제국을 중심으로 한 일원적인 국제 질서가 형성된 상황이 아니었음에도 고구려에서는 군주 칭호를 계속 왕이라 했는데 특히 4세기 이후 어느 시점부터는 태왕이라 했다. 이것은 곧 고구려 천하 저편에 군주 칭호를 가한(可汗)이나 황제라고 칭하는 북방 유목민이나 중국의 천하가 따로 있음을 의식하고 있었음을 말해준다. 당시 고구려는 이들과는 다른 천하를 상정하고 있었고 그것은 곧 태왕이 지배하는 천하였던 것이다. 이러한 천하관을 유지하고서 다른 천하관을 가진 주변 나라들과 동아시아 국제 정세의 세력 균형 상태를 유지하려 했다.

고구려는 더 넓은 동아시아 세계에서 자신들의 천하권인 1차적 천하(고구려)와 2차적 천하(신라, 백제, 가야, 부여)를 다른 천하권인 3차적 천하와 구별하는 의식을 지니게 되었다. 이를 전근대 시대의 민족의식 내지는 동족의식이라고까지는 부를 수 없겠으나, 당시 정치적·문화적·지리적·계통적 측면의 여러 요소와 결부시켜 볼 때 일정한 동류의식을 형성하게 되었다고 할 수 있다. 즉 고구려는 다른 천하 사람들과 자기네 천하 사람들을 구별하는 의식을 가졌다. 그것은 이른바 동류의식이라는 상호 동질성에 대한 자의식이라 할 수 있을 것이다. 다시 말해 고구려는 신라, 백제, 부여는 친연성이 있는 동류라고 인식했지만 그 외의 중국을 포함한 왜, 숙신(肅愼), 선비(鮮卑) 등은 동류가 아니라고 인식했던 것이다. 고구려가 인식한 천하는 한반도와 만주 지역에 존재했던 국가를 아우르는 것이었다. 이는 주변의 다른 천하관을 가진 세계인 중국의 한대 이후 북방민족 왕조뿐 아니라 위·진·남북조 및 수·당이 인식했던 천하와 구별되는 고구려만의 천하라고 할 수 있다.

위진남북조 시기에 형성되어 있던 힘의 균형은 중국 내에 수와 당이라는 통일 제국이 수립되어 주변 여러 나라를 정벌하면서 변화해갔다. 수와 당은 다원적인 천하관을 인정하지 않았고, 그들 중심의 일원적인 천하를 수용할 것을 요구했다. 고구려와 수·당 간의 수십 년에 걸친 전쟁은 바로 독자적인 천하관을 유지하려 했던 고구려가 중국 중심의 일원적 천하관 아래 편입되기를 요구한 수·당과 맞서 싸운 전쟁이었다고 할 수 있다. 당시 고구려의 위상은 바로 이러한 독자적인 천하관에서 찾을 수 있다.

광개토왕비문은 많은 부분을 백제와 벌인 전쟁에 할애하고 있다. 그것은 백제가 여러 측면에서 볼 때 당시로서는 고구려의 가장 큰 적이자 라이벌이었기 때문이다. 이는 비문의 대외 관계 기사 중 상당 부분이 백제 관련 전쟁 기사일 뿐 아니라, 유독 백제만 '백잔(百殘)'이라는 비칭(卑稱)을 써서 낮추어 부르는 점 등을 통해 알 수 있다. 고국원왕이 백제와 전쟁 중 전사한 사건은 바로 이러한 맥락을 발생시킨 결정적계기였을 것이다. 비문에서 나타나듯 백제와 크게 충돌하게된 것은 고구려가 추진한 남하 정책과 무관하지 않다.

비에 따르면 395년(영락 5)에 왕은 친히 군사를 이끌고 부산(富山)을 지나 염수(鹽水) 가에 이르러 비려(碑麗) 3부락의 600~700영(營)을 공격해 쳐부수고 수많은 가축을 노획했으며 양평도(襄平道)로 개선하는 길에 북풍(北豊) 등 요하(遼河: 랴오허) 부근의 토경(土境: 국경)을 순수(巡狩)했다고 전한다.('영락'은 광개토대왕 재위 당시의 연호이며 칭호다.) 염수는 대체로 시라무렌하(西剌木倫河, Siramuren)를 가리키는 것으로 보이므로 비려는 거란(契丹)의 다른 표현으로 볼 수 있어 거란 정복 기사로 여겨진다. 아울러 광개토왕이 요하 부근까지 순수한 일은 국경 지대의 통치권을 재확인하려는 것으로 요하 일대가 고구려의 영역으로 편입되었음을 확인할 수 있는 기록이다. 물론 여기에 요동 진출 시기를 5세기 초반으로 보는 견해도 있긴 하지만, 대체로 고구려 요동 진출이 이 시기로 보는 것이 일반적이다. 한편 395년(영락 5) 기사는 중국 왕조나 유목민과의 관계를 묘사한 것이지만, 고구려 중심의 천하를 설정하기 위해 중국과 맺은 조공·책봉 관계의 노출을 기피하면서도 이들과 관계를 독자적인 천하를 설정하기 위한 전제 조건 또는 수단으로 활용했던 고구려의 인식과 정책이 담긴 것이라고 보기도 한다. 5세기 초반 고구려인이 중국과 별개인 요하 동쪽의 독자적 천하를 설정하고 주변국과 집단을 자신들의 천하에 속한 존재로 상정했다고 이해하는 것이다. 다시 말해 당시 고구려인은 자기네 천하를 여러 족속이 거주하는 세계로 설정하고 주변 지역은 이적시한 반면 자신들이 신성한 중심 집단임을 자임했다.

395년(영락 5) 기사 다음은 한일 관계 논쟁의 핵심이 되는 391년(영락 1), 즉 신묘년 기사다. "백제와 신라는 옛 속민으로서 조공을 바쳐왔는데 신묘년에 왜가 바다를 건너와서 백제 등을 깨드리고 신민으로 삼았다(百殘新羅舊是屬民由來朝貢

而倭以辛卯年來渡海 破百殘口口口羅以爲臣民)"라는 이른바 신묘년 기사는 그동안 광개토왕비문 연구의 최대 쟁점이 되어왔다. 특히 이것이 이른바 임나일본부설의 근거로 활용되자 민족주의 역사학자인 정인보는 주어를 왜가 아닌 고구려로 보아 "신묘년에 왜가 건너오니 (고구려가) 바다를 건너 이를 격파하고, 다시 백잔을 치고 신라를 구원하여 신민으로 삼았다"라고 해석했다. 즉 비문의 주체는 고구려로 대주어(大主語)인 고구려가 생략된 것이므로 신묘년조도 마땅히 고구려가 주체가 되어야 한다는 것이다. 현재 신묘년 기사의 문자판독이나 기사 성격에 대한 논의는 결론이 나 있지 않은 상태다. 이는 신묘년에 일어난 구체적 사건을 적은 기사라기보다는, 대체로 396년(영락 6)의 백제 정벌과 398년(영락 8)의 신라 정토(征討)에 대한 명분을 나타내는 전제문인 동시에 396년(영락 6)부터 407년(영락 17)까지 진행된 고구려의 남진 정책을 집약해 기술한 집약문일 것으로 추정하고 있다.

396년(영락 6)에는 대왕이 몸소 군대를 이끌고 백제를 공격하여 관미성(關彌城), 아단성(阿旦城) 등 58성과 700촌을 공격해 쳐부수고 현재 한강에 해당하는 아리수(阿利水)를 건너 백제 도성까지 육박했다고 전한다. 이에 백제 아신왕이 영원히 신하가 되겠다는 맹세와 함께 항복하므로 대왕이 은택을 베풀었다. 대왕은 곧 백제 왕이 바친 생구(生口: 노예)와

인질 및 세포(細布: 고운 삼베)를 받아 개선(凱旋)했다고 한다. 이때 작전 지역은 대체로 황해도 남부에서 한강 유역과 서해안 일대에 걸친 지역으로 보는 것이 일반적인데 전쟁 결과 백제와 예속적인 지배 관계인 조공 관계를 맺은 것으로 보인다. 여기서 작전 지역과 관련하여 아단성의 위치가 쟁점이 되기도 하는데 온달이 신라와 전쟁에서 사망한 지역과 동일 지역이기 때문이다. 현재 아단성의 위치에 대해서는 서울 아차산성(阿且山城)과 단양 온달산성(溫達山城)을 두고 논쟁이 진행 중이다. 아단성의 위치에 따라 광개토왕이 남하한 지역 범위가 중원(中原: 충주) 지역까지인지 아니면 황해도와 경기도 일대인지가 확정될 수 있다. 그리고 관미성의 위치에 대해서도 현재 강화 교동도 또는 파주 오두산성(烏頭山城), 그리고 황해도 예성강 일대 등으로 설이 나뉘어 있다. 따라서 396년(영락 6)의 전쟁 기사는 고구려가 이미 광개토왕 시기에 백제에 큰 타격을 입혔으며 이전에 고국원왕 전사(戰死)와 같은 사건이 있었음에도 광개토왕은 백제 왕의 항복만을 받고 상하 관계를 맺은 내용으로 볼 수 있다. 이는 이후 475년(장수왕 63)에 고구려가 백제 수도 한성(漢城) 함락을 이끈 선제 전쟁이라 할 수 있을 것이다.

398년(영락 8)에는 소규모 군사를 파견하여 국경 지역의 백신토곡(帛愼土谷) 또는 식신토곡(息愼土谷)을 관찰하고(해당 글자가 '백신'인지 '식신'인지는 연구자마다 의견이 다르다) 이어서 인접한 국가의 가태라곡(加太羅谷) 등에서 300여 명의 민호(民戶)를 획득하는 한편, 이후부터는 조공 관계를 맺기로 했다고 한다. 문자의 마멸과 구체적인 국명의 생략으로 해석이 분분한데 종래부터 398년(영락 8) 기사의 정복 대상을 연해주 일대 숙신(식신)이나, 강원도 일대 예(濊)로 비정하는 견해가 있어왔다. 그 외에 백제나 신라로 보는 주장도 있다. 특히 신라로 비정하는 주장은 398년(영락 8) 기사 전체를 동일한 성격의 기사로 보기 때문이다. 잇따라 나오는 전반부와 후반부의 작전 지역이 동일하지 않다는 점과 동예(東濊)는 태조왕 때, 숙신은 서천왕 때 고구려가 이미 정복했다는 점을 고려한다면, 전반부의 기사는 강원도 일대의 고구려 국경을 관찰한 기사이며 후반부는 산악을 경계로 그 지역과 인접한 국가인 신라의 복속 기사로 보는 편이 자연스럽다는 것이다. 이로부터 신라가 고구려의 조공 지배권에 편입되었다고 본다. 이러한 여러 추론에도 불구하고 관련 사료의 절대 부족과 '식신(숙신)'이라는 명칭이 역사적 용례와 맞지 않는다는 근본 한계로 인해 이 부분에 대해서는 결론을 도출하기가 어렵다. 어쨌든 지역으로 보면 대체로 한반도 동북부 지역에 해당한다고 보는 것이 합리적이라 여겨진다.

399년(영락 9)에는 백제가 이전 맹세를 어기고 왜와 화통하자 이를 응징하기 위해 평양 남쪽으로 순행했는데 이때 신라가 사신을 보내어 전일에 이미 대왕의 덕화에 귀의하여 신하가 되었음을 전제로 국경에 침입한 왜구를 격퇴해줄 것을 요청했다고 한다. 이에 이듬해 왕은 5만 명의 보기(步騎: 보병과 기병)를 파견하여 낙동강 유역에서 왜를 격퇴하고, 임 나가라를 복속시키는 한편 신라를 구원했다. 그 결과 종래와 는 달리 신라 국왕이 직접 고구려에 조공했다고 한다.

400년(영락 10) 기사도 결락 문자가 많아 종래부터 이론이 다양하지만 명확한 것은 신라에 대한 고구려의 조공 지배 가 강화되었으며 여기에 등장하는 왜는 신라나 가라(가야)와 달리 공격해 무너뜨리거나 복속하는 대상이 아니라 '퇴(退) ·추(追)·멸(滅)' 즉 '물리치고 추적하여 없애는' 대상이었다 는 점이다. 따라서 당시 왜는 고정된 거점이 없었음이 분명 하다고 할 수 있다. 임나가라는 김해 지역의 금관가야(金官伽 倻)다. 고구려 침공을 받은 전기 가야의 맹주 금관가야는 국 력이 급속히 약화되어 가야 연맹의 헤게모니가 고령 지역의 대가야(大伽倻)로 넘어갔다는 것이 학계의 통설이다. 그런데 이 내용은 신묘년조 '渡海破百殘□□□羅(도해파백잔□□□ 라)'의 결락 부분을 채워 넣는 문제와도 결부되어, 신라 또는 가라, 또는 두 나라를 모두 포함하는 것으로 읽어서 고구려 가 가야 지역으로 진출했을 가능성이 제기되기도 했다.

또한 '安羅人戍兵(안라인수병)'의 실체에 대해서도 적지 않은 논의가 이루어졌는데, 이를 안라인의 지키는 군대, 안라국의 수비병으로 본 견해가 있으며, 근래에는 고구려를 돕는 동맹군으로 해석하여 안라국 군대가 고구려와 연합해 백제·왜·임나가라 연합군과 맞섰다고 보는 견해가 제기되었다. 그리고 이 구절에서 '安羅(안라)'라는 특정 국가를 상정하지 않고 '安(안)'을 술어 동사로 보아, 고구려가 어떤 성을 공격해 취한 후 신라인 수비병이나 고구려 군대를 두었다고 해석하는 견해도 있다. 아직까지 여러 견해 중 한 가지를 명확하게 확정할 수 없는 상황이다.

한편 400년(영락 10) 기사를 둘러싼 또 다른 논의는 '從拔城(종발성)'에 관한 것이다. 이를 임나가라에 속한 특정한 성의 명칭으로 보는 견해와 '성을 공략함에 따라'라는 문구로 보는 견해로 나뉘는데, 전자가 우세하다. 위치에 대해서는 임나가라의 중심지인 김해로 보는 설과 부산 복천동 지역으로 보는 설, 대가야 중심지인 고령 지역으로 보는 설 등이 있다. 어떤 견해를 따르든 고구려가 한반도 최남단인 가야 지역으로 진출하여 대규모 군사 활동을 전개했다는 것은 움직일 수 없는 사실이다. 이를 통해 한반도 남부까지 영향을 미친 고구려의 존재를 확인할 수 있으며, 따라서 한반도 남부 지역에서 고구려 관련 유적이나 유물이 확인될 가능성도 존재한다 하겠다.

404년(영락 14)에는 백제가 왜병을 앞세워 고구려의 대방계(帶方界)에 침입하자, 대왕이 친히 군대(또는 수군)와 친위병(왕당王幢)을 동원하여 이를 격파하고 왜구를 무수히 참살했다고 한다. 백제의 도전에 대한 본격적인 응징이 이루어진 셈이다. 여기서 왜는 백제와 연관되는 세력인데, 그 실체에 대해서는 해명이 쉽지 않아 앞으로 더 연구가 필요하다. 광개토왕비에 여러 차례 등장하는 왜로 표현된 세력을 과소평가하기는 어려울 듯하므로 종합적인 접근이 요구된다.

407년(영락 17)에는 대왕이 5만 명의 보병과 기병을 파견하여 백제 또는 후연(後燕)의 후방 지역 깊숙이 쳐들어 가 결정적인 타격을 주었으며, 개선하는 길에 사구성(沙溝城) 등 6개 성을 공격해 무너뜨리고 획득했다고 한다. 이를 백제 공략 기사로 보기도 하고, 후연의 숙군성(宿軍城)을 공략한 기사로 보기도 한다. 『자치통감(資治通鑑)』에 따르면 숙군성 공략은 401년(영락 11)의 일로 연대가 맞지 않으며, 비가 건립된 장수왕 때는 이미 후연을 이은 북연(北燕)과 우호 관계를 유지했을 뿐 아니라, 이때 고구려에서는 이미 요하선(遼河線)의 확보가 새로운 영토 확장을 의미하지 않았다. 따라서 비문에서는 숙군성 공략 기사뿐 아니라 후연 정벌 기사 전체가 생략된 것으로 보아 백제 관련 기사일 가능성이 높다고 간주한다. 그러나 당시 백제 못지않은 적대 세력이자 고구려에 국가적 치욕을 안긴 적이 있으며, 그 역량으로 볼 때 백제보다 훨씬 강대한 세력인 후연에 대한 언급이 전혀 보이지 않는다는 점도 큰 의문이다. 『삼국사기』에는 광개토 왕 시기 후연 관련 기사가 5차례 이상 나타나는 데 비해, 광개토왕비에 후연 관련 기술이 없다는 것은 납득하기 어렵기 때문이다.

410년(영락 20)에 대왕은 조공을 중단한 동부여(東夫餘)를 정벌하고자 직접 군대를 이끌고 나섰는데 동부여가 저항 없이 왕의 덕화(德化)에 귀의하자 대왕은 가상히 여겨 은택을 베풀었다고 한다. 여기에서 동부여는 국가 초기 동부여라기보다는 모용씨(慕容氏)에 쫓긴 북부여(北夫餘)의 잔류 세력이 이동하여 성립한 나라로 보이며 그 지역은 두만강 유역에서 연해주 일대로 여겨진다. 작전 성격 역시 군사작전이라기보다는 국내 영토의 순수(巡狩)에 가까운 것으로 보인다. 이 정복 기사 마지막에는 "공파한 성이 64개, 촌이 1,400곳이었다"라는 문구가 나오는데 정복한 대상을 총정리한 것으로 보기도 하고 실제 영토로 편입한 곳만 계산한 것으로 보기도 한다.

3부는 3면 8행에서부터 4면 9행에 걸쳐서 능을 지키는 수묘인연호(守墓人烟戶)의 명단과 수묘 지침 및 수묘인 관리 규정이 기술되어 있다.

수묘인연호 관련 내용을 검토해보면, 수묘인은 '가(家)' 또는 '연호(烟戶)'라는 단위로 차출되었고 구민(舊民)과 신래한예(新來韓濊) 두 집단으로 편성되었으며 수묘인연호는 국연(國烟)과 간연(看烟)으로 구분되었음을 알 수 있다. 수묘인연호 가운데 구민에는 국연이 10가, 간연이 100가고 신래한예에는 국연이 20가, 간연이 200가였다. 구민과 신래한예의 비율이 1:2로 편성되었고 국연과 간연의 비율이 1:10임을 확인할 수 있다.

국연과 간연의 성격에 대해서는 그동안 여러 견해가 제시되었으나 국연이 수묘역(守墓役) 수행에서 주가 되고 간연이 보조 기능을 담당했다고 보는 것이 주된 견해다. 여기서 더 나아가 고려나 조선의 국역(國役)에서 나타나는 호수(戶首)·봉족(奉足)과 같은 관계로 규정하기도 했다. 하지만 국연과 간연의 구체적 차이에 대해서는 재산상의 차이, 신분상의 차이, 입역상의 차이 등으로 구분하는 다양한 견해가 제기되어 왔다.

국연은 수묘역뿐 아니라 국가의 공적인 역을 수행하는 연호라는 보편적 의미로 보는 반면에, 간연은 왕릉의 간수(看守)·간시(看視)·간호(看護) 즉 왕릉을 지키고 돌보는 일을 담당했다고 해석하거나 신라의 간옹(看翁)을 근거로 농업 생산

등에 종사하여 국연의 경제적 필요를 담보하는 기능을 수행했다고 보기도 한다. 또한 국연은 제사 준비와 간연을 관리하는 일을, 간연은 능의 보초와 청소 등을 담당한 것으로 이해하거나 국연은 국도(國都)의 연, 간연은 지방의 연으로 이해하기도 한다. 한편 국연은 직접 역을 지는 존재, 간연은 경제적으로 국연을 뒷받침하는 예비 수묘인이거나 결원을 대비한 인원이라는 견해도 있다. 신분과 관련해서는 국연을 피정복민 가운데 호민(豪民)에 해당하는 지배층 또는 부유층으로, 간연은 하호(下戶)에 해당하는 피지배층 또는 평민층으로 보는 견해가 있다. 또한 국연은 홀로 수묘역을 감당할 수 있는 부유한 호(戶), 간연은 10가가 합쳐서 국연 1가의 역할을 할 수 있는 영세한 호라고 보는 설 등 다양한 견해가 있다. 그리고 국연과 간연을 수묘역에 한정된 것이 아니라 고구려의 국역(國役) 편제에서 연호 일반을 파악하는 보편적인 편제 방식인 국연-간연 체계일 가능성도 제기되었다. 최근에는 국연은 광개토왕을 위한 연호, 간연은 기타 왕릉에 배정된 연호로 이해하기도 한다.

현재 고구려 수묘인연호의 사민(徙民: 국가 등 권력을 가진 지배집단이 피지배집단의 주거지를 강제로 옮기는 것)에 대해 부정적인 의견도 있지만 중국이나 신라 등의 사례를 볼 때 수묘인연호는 기본적으로 집단 사민된 존재라고 생각한다. 중국의 경우 한나라 때 이래로 수묘인은 대체로 능읍(陵邑)에 사민된 이들이었다. 신라 또한 『삼국사기』 664년(문무왕 4) 기사에 수묘 20호가 사민되었음을 분명히 밝히고 있다. 이런 정황을 보면 고구려 역시 수묘인을 각 지역에서 사민했을 것인데 정복한 지역의 민(民)을 편제한 후 수묘인을 차출했다. 이렇게 편제되어 사민된 수묘인은 처음부터 국연과 간연으로 나뉘어 있었다. 국가는 이들이 수묘역을 질 수 있도록 집과 같은 생활 터전과 경제 기반을 마련해주었을 것이다. 경제 기반이 토지인지 아니면 돈이나 현물인지는 알 수 없다.

그렇다면 국연과 간연의 차이는 무엇일까? 먼저 주목할 점은 차출한 각 지역에서 처음부터 국연과 간연을 구분하여 편제했다는 것이다. 그렇다면 그들은 차출되는 과정에서부터 일정한 차이를 두고 선발되었으리라 여겨진다. 각 지역에서 차출하는 국연과 간연의 수가 일정하게 정해져 있었고 차출된 국연과 간연의 비율이 1:10인 점을 보면, 수묘역 수행에서 책임을 지는 위치에 있는 국연과 국연의 감독 아래 수묘역에 실제로 종사하는 간연으로 구성되었던 것으로 보인다. 이런 관점에서 접근한다면 이들 사이에는 일정한 계층 차이를 설정할 수 있는데 국연은 일종의 조장 역할을 하는 호민 집단, 간연은 하호에 해당되는 집단이지 않았나 여겨진다.

국연을 호민, 간연을 하호라고 상정할 때 『삼국지』 「동이

전(東夷傳)」'부여조(夫餘條)'에서 "읍락에는 호민과 민이 있어 하호는 모두 노복으로 삼았다(邑落有豪民民下戶皆爲奴僕)"라고 기술한 부분을 주목해볼 수 있다. 대략 3세기 무렵에 부여의 읍락을 구성하는 계층으로서 하호의 존재를 기술하고 있다. 이 기록에서 문제가 되는 것은 '호민, 민, 하호'의 세 계층으로 볼 것인지 아니면 '호민, 민=하호'의 두 계층으로 볼 것인지다. 그런데 『삼국지』「동이전」에서 하호가 쓰인 다른 용례 가운데 '예조(濊條)'의 기록을 통해 하호가 일반 민을 가리킴을 알 수 있다. 또한 '고구려조(高句麗條)'에서는 발기(拔起)가 왕위 계승 분쟁에서 이이모(伊夷模)에게 패하자 소노부의 장과 함께 각 3만 명의 하호를 거느리고 요동의 공손강(公孫康)에게 투항했다고 했는데, 여기서 말하는 하호 3만 명도 일반 민으로 볼 수밖에 없다. 따라서 하호는 신분상으로 일반 민이었고 노예는 아니었음을 알 수 있다.

요컨대 고구려에서 차출한 수묘인은 정복한 지역에서 편제한 일반 민을 대상으로 했고 호민을 국연, 하호를 간연으로 배정했을 것으로 보인다. 그렇지 않다면 각 지역의 수묘인연호 차출에서 굳이 국연과 간연을 구분하여 명시할 필요가 없었을 것이다. 국연과 간연이 같은 계층이라면 각 지역에서 국연과 간연을 나눌 필요 없이 사민시킨 후 국연과 간연의 역할로 나누어 수묘역에 종사하게 하면 그만이기 때문이다. 이런 경우는 어떤 연호를 다시 국연으로 삼아야 하는가 하는 문제도 생길 것이므로 차출 과정에서부터 미리 구별했던 것으로 볼 수 있다.

한편 비에 기록된 수묘인연호의 구성 가운데 '구민(舊民)'은 〈표 3〉과 같다.

〈표 3〉 구민의 수묘인연호 구성

지역	국연(가)	간연(가)	비고
매구여(민)[賣句余(民)]	2	3	
동해고(東海賈)	3	5	
돈성(민)[敦城(民)]	0	4	
우성(于城)	0	1	
비리성(碑利城)	2	0	
평양성(민)[平穰城(民)]	1	10	
자련(訾連)	0	2	국연 10가
배루(인)[俳婁(人)]	1	43	간연 100가
양곡(梁谷)	0	2	총 14지역 110가
양성(梁城)	0	2	
안부련(安夫連)	0	22	
개곡(改谷)	0	3	
신성(新城)	0	3	
남소성(南蘇城)	1	0	

구민은 광개토왕 이전에 복속한 지역의 주민으로 구성되었다. 구민을 국연 10가, 간연 100가로 총 110가인데 14지역에서 수묘인연호를 차출했다. 여기서 주목되는 것은 어떤 지역은 '민(民)' '인(人)' 등으로 표시되어 있고 어떤 지역은 그렇지 않지만, 모두 동일하게 편제된 민으로 여겨진다는 점이다. 따라서 이들이 노예와 같은 존재는 아니라는 점을 확인할 수 있다. 특히 수묘인연호는 고구려 영역 내에서 징발한 가(家)로 구성되었으며 비문에서 보듯이 '성민(城民)' '곡민(谷民)' 등으로 이루어진 호민과 하호였다고 할 것이다.

　구민 구성에서 주목을 끄는 내용은 평양성(민)의 경우 국연 1가, 간연 10가로 국연과 간연이 1:10의 비율을 가지고 있다는 점이다. 평양성민의 구성 사례는 수묘인 종사의 한 그룹으로 상정할 수 있는 여지를 제공한다. 수묘역에서 아마 국연 1가, 간연 10가가 가장 기본적인 단위로 기능했으리라 생각할 수 있다. 그렇다면 국연 1가, 간연 10가로 구성된 11가가 가장 기본적인 단위인 셈인데 220가의 경우에는 국연 20가, 간연 200가이므로 20조 정도의 수묘인연호의 기본 단위가 생긴다. 여기에 구민 연호를 추가하여 330가라고 본다면 결국 30조의 수묘인연호가 짝을 이루게 된다. 이와 관련하여 수묘인연호 운영에 대해 30가 또는 33가가 한 조를 이루어 국내성 시기의 10왕 내지는 11왕의 왕릉 수묘에 동원되었다는 견해가 있다.

30가는 수묘인 구성상 국연 1가, 간연 10가라는 조 단위로 편제하는 것이 불가능하다. 그렇다면 대략 33가가 최종 단위였을 텐데 대체로 3조에 해당된다. 물론 20가 내지 30가의 국연이 일종의 책임자 내지는 관리자 역할을 했다면 각 조로 나누어 관리했을 수도 있고, 관리자의 대표 격으로 각 왕릉 수묘인 220가 내지는 330가를 집단 통솔·관리했을 가능성도 있다. 어쨌든 330가의 수묘인연호 구성이 대략 10개 왕릉 수묘인으로 볼 수 있겠으나 그것이 국내성 시기 고구려 왕릉 전체를 대상으로 한 것인지는 확정하기 어렵다. 예를 들면 국정을 돌보지 않고 사치와 방탕을 일삼다가 폐위당하자 자결한 제14대 봉상왕 같은 경우 수묘인연호 편성에 포함되었는지가 문제가 되는 것이다.

다음으로 신래한예에서 징발한 수묘인연호의 구성은 〈표 4〉와 같다.

<표 4> 신래한예의 수묘인연호 구성

지역	국연(가)	간연(가)	비고	396년 공격해 차지한 58성에 속하는지 여부
사수성(沙水城)	1	1		X
모루성(牟婁城)	0	2		O
두비압잠(한) [豆比鴨岑(韓)]	0	5		X
구모객두(勾牟客頭)	0	2		X
구저(한)[求底(韓)]	0	1		X
사조성(한예) [舍蔦城(韓穢)]	3	21		O
고모야라성(古模耶羅城)	0	1		O
경고성(炅古城)	1	3	국연 20가 간연 200가 총 36지역 220가	X
객현(한)[客賢(韓)]	0	1		X
아단성·잡진성(한) [阿旦城·雜珍城(合)]	0	10		O
파노성(한)[巴奴城(韓)]	0	9		X
구모로성(臼模盧城)	0	4		O
각모로성(各模盧城)	0	2		O
모수성(牟水城)	0	3		O
간저리성(幹氐利城)	1	3		O
미추성(彌鄒城)	1	7		O
야리성(也利城)	0	3		O
두노성(豆奴城)	1	2		O

오리성(奧利城)	2	8		O
수추성(須鄒城)	2	5		O
잔남거(한)[殘南居(韓)]	1	5		X
태산한성(太山韓城)	0	6		O
농매성(農賣城)	1	7		O
윤노성(閏奴城)	2	22		O
고모루성(古牟婁城)	2	8		O
전성(瑑城)	1	8	국연 20가	O
미성(味城)	0	6	간연 200가	X
취자성(就咨城)	0	5	총 36지역 220가	X
삼양성(彡穰城)	0	24		O
산나성(散那城)	1	0		O
나단성(那旦城)	0	1		O
구모성(勾牟城)	0	1		O
어리성(於利城)	0	8		O
비리성(比利城)	0	3		O
세성(細城)	0	3		O

〈표 4〉에서 보듯이 광개토왕 대에 새로 복속한 지역의 주
민인 '신래한예(新來韓穢)'는 총 36지역에서 국연 20가, 간
연 200가로 수묘인연호가 구성되었다. 몇 개 지역은 '한(韓)'
'한예(韓穢)'라고 분명하게 밝혀놓았는데 다른 지역 수묘인

연호 또한 신래한예이므로 특별한 의미를 두기는 어렵다. 다만 '한예'로 표기된 사조성(舍蔦城)의 경우에는 한과 예가 같이 포함된 지역임을 분명하게 한 것으로 볼 수 있다.

또한 아단성(阿旦城)과 잡진성(雜珍城)은 두 지역을 합쳐 10가의 수묘인연호가 구성된 점이 특별하다. 다른 두 지역의 수묘인연호를 구성하면서 합을 기록한 것은 쉽게 납득되지 않는다. 수묘인연호를 분명하게 하려면 두 지역을 따로 기록하면 되는데 그러지 않은 것은 뭔가 특별한 사정이 있음을 짐작하게 한다. 두 성 모두 수묘인연호로 간연만 배정되었다는 점을 일단 주목할 수 있다. 두 성이 하나의 행정단위라고 보기는 어렵다.

이에 대해서는 수묘인을 사민된 존재로 보지 않음을 전제로 하는 번상입역설(番上立役說)의 관점에서 앞으로 계속 두 성에서 함께 간연 10가를 징발하라는 의미로 해석하거나 비가 세워진 시점에는 두 성에서 수묘 호가 구체적으로 지정되지 않았다는 의미로 해석하기도 한다. 그렇지 않고 간연으로 사민되었을 경우 두 성의 연호가 한 조를 이루어 수묘역을 수행했을 것으로 짐작된다. 즉 두 성의 간연이 항상 함께 한 조를 이루어 수묘를 했기에 간연 10가로 구성된 점에서 두 성의 수묘인연호가 간연의 합으로 기록될 수 있지 않았을까 추측해본다.

4~5세기경 고구려 수묘제와 관련하여 광개토왕비의 수묘인연호 다음에 기술된 수묘인 운용에 관한 내용이 일찍부터 주목을 받아왔다. 주로 교언(教言)과 제령(制令)에 관한 것인데 한 문단씩 나누어서 비의 내용을 살펴본다.

국강상광개토경호태왕이 살아 계실 때 교(教)를 내려 말씀하기를 "조왕선왕(祖王先王: 또는 조선왕 祖先王)들께서 다만 원근에 사는 구민만 취하여 무덤을 지키며 소제(掃除)를 하도록 했는데, 나는 이 구민의 상황이 변하여 약해질까 염려된다. 만약 나의 만년(萬年) 후에도 무덤을 편안히 수묘하고자 한다면 단지 내가 몸소 다니며 경략해 온 한예를 취하여 소제토록 하라"라고 했다. 왕의 말씀이 이와 같았으므로 교령에 따라 한과 예의 220가를 취했다.

위 기록에서 보이는 '조왕선왕(조선왕)'은 광개토왕 이전의 모든 왕들을 지칭하는 보통명사로 이해된다. 원근에 사는 구민은 고구려의 호민과 하호로 구성된 국연과 간연이었을 것이다. 고구려에서는 적어도 4세기까지 왕릉에 원근 구민을 사민시켜 무덤을 지키고 청소하도록 하고 있었던 것이다. 그런데 갑자기 광개토왕은 "구민의 상황이 변하여 약해질까 염려"한다. 비의 내용에서 보듯 구민의 경우 수묘인연호의

'차착(差錯: 어그러져서 순서가 틀리고 앞뒤가 서로 맞지 않음)' 현상
도 존재하고 수묘인을 사고파는 행위도 있었기 때문에 수묘
인연호로 배정된 구민의 상황이 변하여 약해지는 현상이 일
어났을 것이고 광개토왕은 이를 걱정했던 것 같다.

　이에 대한 해결책으로 광개토왕은 먼저 구민을 수묘역에
서 완전히 배제하고 대신 자신이 몸소 경략한 한예를 차출
하여 수묘인연호로 구성하도록 명령하고 있다. 즉 광개토왕
은 기존의 구민으로 운영하던 수묘제에 대해 제도 자체를
개혁하는 것이 아니라 수묘인연호를 개편하고자 것이다. 수
묘인을 구민이 아닌 한예로 구성하는 것은 구민이 약해지고
있는 상황을 해결할 수 있는 가장 기본이 되는 조치였다. 이
는 구민의 수묘역을 면제해주고 일반 민으로 살아갈 수 있
도록 해주었다는 점에서 새로운 시책이기도 했다.

　광개토왕의 교령에 따라 수묘인으로 한예의 220가를 동
원했는데 이들은 모두 국도로 사민된 존재들이었다. 당시 고
구려 왕릉에는 모두 합쳐 220가 정도의 수묘인이 배치되고
있었음을 알 수 있다. 그런데 문제는 신래한예 220가만으로
는 수묘를 할 수 없다고 장수왕이 판단한 데 있다. 장수왕은
부왕의 교언에도 불구하고 한예가 수묘의 법칙을 알지 못할
까 염려하여 다음과 같이 구민 110가를 추가로 구성한다.

그들 한인과 예인이 수묘의 법칙을 잘 모를 것을 염려하여 다시 구민 110가를 취했다. 신구(新舊) 수묘호를 합쳐 국연이 30가, 간연이 300가로 도합 330가였다.

장수왕은 법칙을 잘 아는 구민 110가를 추가하는 것으로 수묘제를 정비한다. 여기서 보이는 구민은 광개토왕 대에 구성한 신래한예가 법칙을 모를까 봐 배정된 사람들이었다. 따라서 이들은 대체로 수묘에 대한 법칙을 잘 알고 있었기에 선발된 사람들이었을 것이다. 그렇다면 이들은 어떤 존재일까? 모든 구민이 수묘의 법칙을 잘 알고 있었다고 이해하기는 어렵다. 수묘역의 기간이 정해져 있어서 수묘인연호 구성이 수시로 변동되거나 수묘역 수행이 일정 기간을 두고 순환했다고 보기도 어렵다. 수묘의 법칙은 직접 수묘역을 수행한 사람들이 정확하게 알 수 있기 때문이다. 따라서 수묘의 법칙을 정확하게 아는 사람들은 종래 다른 왕릉에 배정된 수묘인연호 이외에는 상정하기 어렵다. 이들은 광개토왕의 교언에 따라 잠시 수묘인연호 구성에서 제외된 사람들이었다. 수묘에서 제외되었던 구민이 장수왕에 의해 수묘인연호로 재차출되었던 것이다. 즉 신래한예 220가만으로 고구려 왕릉들을 수묘하기 어려운 상황에서 기존에 왕릉 수묘인으로 배정되었다가 광개토왕의 교언으로 수묘인연호 구성에서 제외되었던 연호들이 장수왕의 명에 따라 다시 수묘인 연호로 재편제되었던 것이다.

장수왕 대에 완성된 수묘인연호로 배정된 330가는 광개 토왕만을 위한 수묘인연호로 이해하기도 하지만, 아마 국 내성 시기의 고구려 왕릉 전체를 수묘하는 존재들로 이해 할 수 있다고 여겨진다. 같은 시기 북연 왕인 고운(高雲)도 원읍(園邑)에 20가를 두고 있는 점을 보더라도 그러하다. 수 묘인의 역할은 무덤을 지키고 소제하는 것이었다. 한 왕릉 수묘를 위해 그리 넓지 않은 지역인 국내성 일대에 220가 나 330가 규모의 수묘인연호를 둘 필요는 없다. 또한 국가 도 220가 내지 330가의 수묘인을 왕릉 주변에 집단 사민시 켜 그들에게 생활 터전이나 경제 기반 등의 생활 조건을 마 련해주기 쉽지 않았을 것이다. 국내성에 수묘해야 할 왕릉이 대략 10여 기 존재한다고 가정해보자. 이 왕릉들 전체를 수 묘하려면 약 2,000~3,000가를 국내성 일대에 사민시켜야 한 다. 1가를 5~10명 사이로 환산한다면 약 1만~2만 명에 해당 된다. 이 정도의 수묘인 인원이 그리 넓지 않은 지역인 국내 성 일대에 사민되었다고 보기는 어려우며, 국가 또한 그들이 살아갈 수 있는 생활 기반을 마련해주기는 힘들었을 것이다.

국연과 간연의 비율이 1:10인 점에서 22가를 한 왕릉의 수묘인으로 보면 220가는 대체로 10왕에 해당되는 수치다.

그런데 장수왕은 부왕의 교언으로 한예 220가를 차출한 상황에서 22가가 한 왕릉을 수묘하도록 하는 것을 따르지 않았다. 장수왕은 구민 110가를 더하여 전체 수묘인연호를 330가로 늘리고 구민과 신래한예를 결합시켜 한 왕릉 수묘인을 33가로 증치했다. 이에 국내성에는 330가 정도, 다시 말해 1,650명 이상의 수묘인이 존재했다고 여겨진다.

다음으로 이어지는 수묘제 정비에 관한 기사는 광개토왕이 '조선왕(祖先王)'의 왕릉 곁에 석비를 세우는 '묘상입비' 관련 내용이다.

조선왕들 이래로 묘상에 석비를 세우지 않아 수묘인연호들이 섞갈리게 되었다. 오직 국강상광개토경호태왕께서 조선왕들을 위해 무덤가에 비를 세우고 그 연호를 새겨 기록하여 차착하지 않게 했다.

광개토왕이 수묘인연호들의 '차착' 현상에 대한 해결 방안으로 조선왕들을 위해 무덤 곁에 비를 세우고 수묘인연호를 새긴 것으로 이해할 수 있다. 이렇게 각 왕릉 곁에 수묘인연호를 분명하게 새겨 기록하면 연호의 차착 현상은 방지할 수 있었으리라 판단된다. 수묘인연호 관리 차원에서는 비에다 영구불변하는 수묘인연호를 정확하게 기록해놓는 것이 가장 이상적인 해결책일 터이기 때문이다. 이는 수묘인 전체가 사민된 존재라고 보면 수묘인들이 집단 취락을 이루는 가운데 그들이 각각 어떤 왕릉 수묘인인지를 분명하게 하기 위한 조치다. 어느 지역에서 차출된 몇 가가 어떤 왕릉 수묘인인지만 분명하면 차착 현상은 없어진다. 이 조치에는 수묘인연호를 영구불변하도록 구성하려는 목적이 담겨 있었다고 볼 수 있다.

당시 고구려에서는 원근의 구민을 사민시켜 수묘하도록 했는데 차착 현상이 있었다는 것은 어떤 경우에 가능할까? 기존 논의에서는 이러한 현상에 대해 수묘역을 지는 노동조의 순서상 착오나 노동조의 담당 능에 대한 역 수행 과정에서 일어난 착종으로 이해한 바 있다. 그런데 비문에 기록된 내용은 차출 지역과 연호 수뿐이므로 수묘역 수행 과정에서 나타난 문제는 아닌 듯하다. 한편으로는 예비 수묘인과 관련된 문제로 이해하기도 하지만 수묘인은 사민된 존재라는 측면에서는 동의하기 어려운 점이 있다.

수묘인 차착 현상에 대한 몇 가지 가능성을 짚어보자. 첫 번째로는 사민된 수묘인연호가 대대로 이어지는 와중에 각 연호가 어떤 왕릉의 수묘인인지가 불분명해진 상황을 생각해볼 수 있다. 집단 취락을 이룬 수묘인연호가 수묘역을 세습하는 과정에서 혼선이 빚어진 것이다. 이 경우에는 실제로 수묘역을 관리하는 사람들이 수묘역을 지는 연호를 잘 파악하지 못했을 가능성이 있다. 그래서 앞으로 수묘인연호를 비에 새겨 영구적으로 관리되도록 하고자 했다고 볼 수 있다.

두 번째 가능성은 사민된 수묘인연호가 아예 이탈하거나 수묘인연호 내에서 실제로 수묘역을 질 수 있는 구성원이 사망하여 연호 구성 자체가 의미를 상실한 경우를 생각해볼 수 있다. 이 경우 원근 구민 가운데 새로운 지역에서 다시 수묘인연호를 사민시켜 와야 한다. 그러면 처음 특정 지역에서 차출되어 구성된 수묘인연호와 또 다른 지역에서 사민되어 온 연호가 존재했을 것이고 원래 차출된 지역의 수묘인연호 수에 변동이 생겼을 것이다. 즉 국연이나 간연에 새로운 지역의 연호가 추가되거나, 아니면 특정 지역에서 차출한 연호 수에 변동이 일어났다고 볼 수 있다.

이러한 두 가지 가능성을 염두에 두고 보면 차착 현상은 바로 수묘역을 지는 왕릉에 대한 착오와 수묘인연호 수의 변동에 따른 차이를 말하는 것이라 생각된다. 따라서 차착 현상에 대한 대책은 각 왕릉에 수묘비를 세워 수묘인연호를 기록하는 방법이 최선인 셈이다. 이에 광개토왕은 각 왕릉마다 신래한예로 새롭게 구성된 수묘인연호를 비에 새겨 영구 불변하도록 조치했던 것이다.

기존 연구에서는 묘상입비를 둘러싸고 두 가지 견해가 팽

팽하게 대립하고 있다. 먼저 조왕선왕들의 능에 모두 묘상입비를 한 것이 아니라 광개토왕 묘역에만 수묘비를 세운 것인지, 아니면 조왕선왕들의 무덤가에 모두 묘상입비를 했다는 것인지가 분명하지 않다. 앞서 차착 현상을 방지한다는 취지에서 묘상입비를 했음을 밝히고 있으므로 구체적인 입비조치가 있었을 것으로 짐작된다. 그것은 아마 신래한예 220가를 분산하여 각 왕릉 수묘인연호를 새긴 비를 왕릉 곁에 세우는 조치였을 것이다. 그런데 현재 고구려 왕릉으로 비정되는 묘역 부근에서 묘상입비의 흔적을 발견하기 어렵고 수묘비 또한 단 한 점도 확인할 수 없는 사실에서 이를 부정하기도 한다. 그런데 이러한 사실 여부는 현재로선 별로 의미가 없다고 할 것이다. 광개토왕비에는 수묘인연호를 구민에서 신래한예로 개편한 내용과 장수왕이 구민 수묘인연호를 추가한 내용만 적고 있다. 앞서 설명한 것처럼 광개토왕비에 나오는 수묘인연호는 고구려 전체 왕릉 수묘를 위한 것으로 적어도 광개토왕만을 위한 수묘인연호는 아니다. 즉 광개토왕비에는 각 왕릉에 어떻게 수묘인이 배치되었는지는 설명되어 있지 않기 때문에, 광개토왕 대에 각 왕릉에 어떤 형태로든 수묘인연호를 기록한 비가 따로 존재했다고 보는 것이 정황상 합리적이다.

한편 광개토왕은 수묘인이 매매되고 있는 상황에서 이 문제 역시 '제(制)'의 형태로 다음과 같이 법제화하고 있다.

　　또한 왕께서 규정을 제정하시어 "수묘인을 이제부터 다시 서로 팔아넘기지 못하며, 비록 부유한 자가 있을지라도 또한 함부로 사들이지 못할 것이니, 만약 이 법령을 위반하는 자가 있으면 판 자는 형벌을 받을 것이고, 산 자는 자신이 수묘하도록 하라"라고 했다.

　　당시 수묘인 매매는 좌시할 수 없는 문제였던 것으로 보인다. 그렇다면 수묘인을 사고판다는 의미는 무엇일까? 기존 연구에서는 수묘인 자체의 불법 매매나 귀족들에 의한 수묘인 노동력 수탈, 토지나 무기 매매 등 다양한 견해가 제시되었다. 비에 나타난 문장으로 보면 매매되는 것이 수묘인 자체임은 분명하다. 어떠한 구절에서도 수묘인 이외의 다른 사항을 언급하지 않는다.

　　일단 토지는 상정하기 어렵다. 토지가 수묘인연호에 배정되었다는 것이 전제되어야 하고 수묘인에게 토지를 제공했다 하더라도 사적인 토지가 아니었을 것이므로 토지 자체가 사고파는 대상이 될 수 없었을 것이다. 또한 토지가 매매 대상이었다고 한다면 법적 공문서와 같은 형식의 기사 내용에서 그 부분이 명확히 명시되어야 했을 것이다. 토지를 산 자가 대신 수묘했다면 평생 수묘역을 지는 것이므로 영구불변의 수묘인 구성을 위한 묘상입비 조치와도 배치된다. 무기역시 마찬가지다. 한편 사고파는 대상이 수묘역일 가능성도 생각해볼 수 있다. 만약 수묘역을 사고판다면 사는 쪽이든 파는 쪽이든 어떤 이해관계가 발생해야 한다. 그런데 수묘역을 산 자로서는 오히려 돈을 주고 역을 대신 수행하는 셈이므로 부유한 자가 사들일 만한 성질의 것이 못 된다. 따라서 수묘역도 매매 대상이 아닐 것이다.

수묘인을 사고파는 행위가 이 시기에 가능했다는 것을 어떻게 이해할 수 있을까? 광개토왕비의 기록상으로는 수묘인이 매매 대상이라는 의미로밖에 파악할 수 없다. 그러나 수묘인이 국가에서 공적으로 동원한 일반 호민과 하호로 구성되었다면 수묘인 자체는 기본적으로 사고팔 수 있는 존재가 아니었을 것이다. 현재 수묘인연호의 사회적 성격에 관한 논의는 노예라는 설, 특수직역인(特殊職役人) 집단으로 양인(良人) 또는 신량역천적(身良役賤的: 신분은 양인이나 천역賤役에 종사하는 것) 존재라는 설, 그리고 양인속민설(良人屬民設: 양인이지만 속민이라고 표현한 것은 노예로 보지 않으며, 군역을 면제받은 대신 수묘역을 졌던 농민이라는 것) 등이 있다.

노예설은 일반적으로 수묘인연호가 전쟁포로고 비 내용에서 매매 대상이 되었다고 기록한 점에 근거한다. 그런데 앞서 살펴본 것처럼 구민으로 구성된 수묘인연호는 노예 신분이라고 보기는 어렵다. 이는 광개토왕비에 기록된 구민 110가가 보통 성민(城民)이나 곡민(谷民)으로 표현되는 점만 보더라도 알 수 있다. 신래한예 역시 물론 정복한 지역에서 동원되긴 했지만 고구려가 대민편제(일반 민으로서 조직이나 기구에 편성)했기 때문에 편제노예 같은 존재라고 볼 수는 없다. 신량역천설도 이 시기 신분제도에 중세 이후처럼 신량역천 계층이 존재했다는 전제 아래 성립할 수 있으므로 다소 문제의 소지가 있다. 한편 매매 주체를 국연, 매매 대상을 간연이라고 이해하기도 한다. 국가권력을 매개로 국연과 간연이 결합된 상황에서 이러한 설정은 생각하기 어렵다. 수묘인의 사회적 위상을 아주 낮게 보기도 하지만 수묘인 매매와 관련하여 구민을 모두 그런 존재로 간주하기는 어렵다.

그렇다면 구민으로 구성된 수묘인연호는 대체로 양인 신분이었을 것이다. 이들이 수묘인연호를 구성하여 세습하는 과정에서 수묘인연호 1가마다 수묘역을 실제로 지는 남녀 정(丁: 국가의 역을 담당하는 대상)의 수는 달랐을 것이다. 차출 당시 인정(人丁)의 수는 동일했을 가능성이 있지만, 시간이 지나면서 변화하기 마련이다. 특히 수묘역을 지는 사람이 많은 경우에는 수묘역을 지는 대신에 노동력을 팔아서 경제적 이익을 추구했을 텐데 수묘인연호는 노동력을 팔고 부유한 자들은 그들의 노동력을 사서 고용하는 행위를 했을 것이다. 이것이 바로 수묘인을 사고파는 행위가 이루어졌던 정황으로 짐작된다. 수묘인들 사이의 노동력 매매는 상정하기 어렵다. 수묘인 노동력을 산 경우 대신 수묘하도록 했으므로 원래 수묘인에게 수묘역을 지도록 하는 셈이 되므로 정황상 맞지 않다.

국가가 정한 수묘인연호에서 수묘인 인신 자체가 매매 대상이 된 점은 국가로서는 결코 용인하기 어려운 일이었을 것이다. 따라서 인신 자체가 완전하게 매매되는 상황은 아닌 듯하다. 다만 수묘인이 왕릉 수묘에만 전력을 바쳐야 하는 존재임에도 자신들의 노동력을 다른 곳에 파는 행위를 통해 경제적 이득을 얻고자 했다면 이는 수묘역을 이탈하는 행위와 동일시될 수 있는 문제였다. 광개토왕은 이러한 현상을 직시하고 있었다.

그런데 구민이 수묘역에서 제외된 상황에서 제령(制令) 형태로 매매 금지 조치가 내려졌으므로 매매 대상은 신래한예에서 찾아야 할 것 같다. 광개토왕은 신래한예로 수묘인연호를 완전하게 개편하도록 지시했기 때문에 수묘인 매매 문제에 대해 특별히 신경을 썼던 것으로 보인다. 당시에 바로 복속한 지역의 민은 전쟁포로와 같은 성격도 있었다. 따라서 신래한예로 구성된 하호는 구민보다 사회경제적 위상이 낮았을 것이다. 이들의 경우에는 인신 매매 문제까지 고려했을 것으로 짐작된다. 이처럼 광개토왕은 자신이 새롭게 경략한 지역에서 데려온 신래한예에 대한 매매 금지를 좀 더 염두에 두고서 제령 형태로 이러한 조치를 취한 것으로 이해할 수 있지 않을까 한다. 다시 말해 광개토왕비에 나타나는 수묘인 매매 문제의 핵심은, 구민이 수묘인 편제에서 제외되는 상황에서 내려진 것이기 때문에 새로 징발한 신래한예에 대한 강력한 매매 금지 조치라고 보아야 할 듯하다.

비의 성격과 역사적 의의

광개토왕비는 현존하는 금석문 가운데 크기 면에서도 가장 크고 내용도 가장 많이 전하고 있다. 따라서 고구려사 연구에서 가장 기초가 되는 1차 사료로서 얼마 없는 문헌 자료의 한계를 어느 정도 극복하게 해준다. 광개토왕비는 고구려 건국과 왕계, 광개토왕의 훈적과 대외 관계, 고구려 수묘제의 운영 등에서 많은 시사점을 준다.

광개토왕비는 광개토왕 사후, 광개토왕릉과 함께 아들인 장수왕의 주도로 만들어진 비석이다. 비의 내용에 따르면 광개토왕 사후 2년 동안 왕릉과 비를 만드는 작업이 진행되었다. 아들인 장수왕은 부왕의 무덤을 조성함과 동시에 비를 제작했다고 할 수 있다.

지금까지 광개토왕비의 성격에 대해서는 3부로 구성되어 있는 내용 중 어느 부분을 중시하느냐에 따라 달리 규정해 왔다. 이에 따라 능비설(陵碑說), 신도비설(神道碑說), 훈적비설(勳績碑說), 수묘제 창출과 관련한 송덕비설(頌德碑說), 수묘비설(守墓碑說), 훈적과 수묘의 내용이 모두 포함된 복합비설(複合碑說) 등이 제기되었다. 이러한 논의는 대체로 비문 내용상 입비 목적이 과연 무엇을 위한 것인지에 초점이 맞춰져왔다.

먼저 광개토왕비를 '광개토왕릉비'로 명명하는 능비설은 비에 기록된 "갑인년 9월 29일 을유에 산릉에 시신을 옮기고 비를 세워 훈적을 기록하여 후세에 보인다. 그 말씀은 아래와 같다(以甲寅年九月廿九日乙酉 遷就山陵 於是立碑銘記勳績 以示後世焉 其詞曰)"라는 내용에 근거한 것으로 보인다. 이 서술에서 왕릉의 조영과 입비가 직접적인 연관성을 갖는다고 이해하는 것이다. 따라서 광개토왕비는 왕릉 조영과 연계된 능비 또는 묘비라는 것이다. 이는 광개토왕비의 발견 이후부터 최근까지 많은 연구자들이 가지고 있는 전통적인 입장인 듯하다. 비의 형식 측면에서는 기본적으로 묘비나 능비임은 분명하다. 그러나 비가 세워진 목적이나 내용 측면에서는 단순히 묘비나 능비로만 설명할 수 없는 부분이 있다. 비의 성격에 대해서는 비에 언급되어 있듯이 후세에 보이고자 하는 것이 무엇인가 하는 점이 고려되어야 한다.

기본적으로 묘비 또는 능비로 이해하면서도 비의 성격을 신도비로 보는 견해는 일제강점기에 지안 지역을 조사했던 세키노 다다시(關野貞)가 제기했다. 광개토왕왕릉이 태왕릉이라는 사실을 부정하면서 참도(參道)를 설정하여 광개토왕릉을 장군총으로 보고 광개토왕비를 신도비로 파악한 것이다. 이 견해는 근래 더욱 보강되기도 했다.

그러나 광개토왕비는 일반적인 묘비의 형식이나 내용과 많은 차이가 있어서 능비나 묘비로 보기 어렵다는 견해들이 일찍부터 제기된 바 있다. 묘비에는 보통 피장자의 시조나 가문, 직계 조상에 대해 거론하면서 피장자의 생애에 관해 적고 있고, 추모하는 문구를 뒤에 붙이는 것이 보통이다. 그에 비해 광개토왕비는 직계 조상에 대한 언급이 없고 생몰년에 대한 기록도 없는 등 묘비와는 차이가 있다.

광개토왕비에 기록된 내용이 주로 수묘제와 관련한 것이어서 수묘비로 이해하는 의견은 일제강점기에 이케우치 히로시(池內宏)가 주장했다. 또한 광개토왕비 텍스트의 형식과 내용이 묘비나 묘지(墓誌)는 아니라고 지적하고 광개토왕비는 수묘역 체제를 창출한 광개토왕의 공덕을 칭송하는 송덕비 또는 현창비(顯彰碑)로 이해하기도 했다. 즉 광개토왕비가 수묘역 체제를 창출한 광개토왕의 공덕을 칭송하기 위해 건립한 것이긴 하지만 비의 핵심 내용은 수묘역 체제에 초점이 맞추어져 있다는 것이다. 이러한 견해는 비문에 보이는 건국신화나 정복 기사 등도 모두 수묘제 서술을 위해 언급한 내용으로 이해한다. 대체로 광개토왕비는 수묘 내용이 핵심이라고 보고 있다. 그러나 정복한 성의 명칭과 수묘인연호를 차출한 성의 명칭이 모두 일치하지는 않는다. 정복 기사를 보더라도 정복 전쟁은 백제로 한정해야 하겠지만 395년(영락 5)의 비려, 398년(영락 8)의 숙신, 399년(영락 9)의 신라, 410년(영락 20)의 동부여 등은 신래한예 수묘인연호와는 무관하다. 이런 점에서 왕의 정복 전쟁이 수묘제를 위한 전제였다는 주장은 동의하기 어려운 부분이 있다.

한편 능비면서 동시에 훈적비, 신도비, 수묘비 세 요소를 모두 함께 가진 것으로 파악하거나, 수묘비로서 성격을 강조하면서도 능비나 훈적비 성격을 모두 지닌 복합적인 성격의 비로 설명하거나, 공적 현창비인 동시에 수묘인 법령비(法令碑)의 성격을 갖고 있다고 보기도 한다. 또한 훈적비·송덕비·율령비(律令碑)의 의미를 복합적으로 가지고 있기 때문에 비의 성격에 대한 적절한 용어를 찾아야 한다는 주장도 있다. 이런 관점들은 광개토왕비가 여러 가지 내용이 복합된 것으로서 하나의 성격으로 규정하기 어렵다는 점에서 타당성이 있긴 하지만, 결국 앞서 말한 바와 같이 광개토왕비를 건립한 주요한 목적에 대한 이해가 결여된 측면이 있다고 할 수 있겠다.

광개토왕비가 기본적으로 훈적비라는 견해 또한 다수 연구자가 제기했다. 비문 내용 중 "훈적을 기록하여 후세에 보인다"라는 구절에 주목하여 광개토왕의 업적을 과시하기 위해 세워진 비로 이해한다. 비의 내용상 광개토왕의 주요 업적은 정복 전쟁이며, 이를 통해 얻은 결과물이 수묘인연호라고 상정하는 것이다. 필자 역시 광개토왕비는 형식적으로는 묘비나 능비지만, 왕의 정복 사업이라는 훈적과 묘상입비나 매매 금지를 포함한 수묘제 정비에 힘쓴 왕의 훈적을 동시에 기록한 훈적비로 이해하는 것이 타당하다고 본다. 묘상입비와 매매 금지령 등 수묘제 정비도 광개토왕의 훈적이기때문에 정복 전쟁 내용에 이어 기술된 것이다. 한편 광개토왕비가 선왕의 훈적이나 왕릉 수묘인연호 개편 중 어느 하나를 초점을 맞춘 것이 아니라 왕가의 계보와 더불어 광개토왕 행장까지 담은 종합적인 것이라고 설명하면서, 국가 제례의 완성을 기념하고 왕의 업적을 찬양하는 상징적인 구조물로 보기도 한다. 이 견해 역시 기본적으로는 무게중심은 외치(外治)와 내치(內治)라는 측면에 두면서 훈적을 위주로 한 비라는 점을 분명히 하고 있다.

한편 기존 논의와는 다른 차원에서 수묘인연호의 착오를 방지하기 위한 수묘비로 이해하는 견해가 있다. 광개토왕비는 원래 지안 지역에 서 있던 선돌을 재활용한 것으로 훈적비인 동시에 수묘인연호인 국연(상설직)과 간연(임시직)의 출석을 확인하는 출석부 역할을 했다는 것이다. 비의 성격에 대해서는 복합비로 상정하지만 광개토왕 사후에 비를 제작한 것이 아니라 원래 있던 선돌을 활용했다고 추측한다. 또한 장수왕 대 이전부터 고구려인의 신앙 대상이던 비신에 광개토왕의 업적을 새기고 수묘인 문제를 적어 고구려의 왕권과 종교적 신성성이 결합된 것으로 여기기도 한다.

이러한 견해들은 모두 장수왕 이전 시기부터 존재했던 선돌이나 신앙의 대상물로서 거석을 활용했다고 이해하는 것이다. 흥미로운 견해로서 그럴 개연성은 충분히 있지만 단지 정밀하게 다듬지 않은 비신 상태를 두고 추론한 것이고 고구려에서 과연 그러한 신앙의 대상물이 국내성 시기에 존재했는지도 불명확하다는 약점이 있다. 또한 석재 생산지가 어느 정도 알려져 있는 만큼 그처럼 거대한 돌을 왜 국내성 인근에서 채석하지 않고 양민이나 오녀산성 등의 지역에서 옮겨와야 했는지에 대한 설명이 결여되어 있어서 옮긴 시점이나 이유에 대한 해명이 필요하다. 이런 거대한 돌은 현재 천추총, 태왕릉, 장군총 등에 사용된 화강암 호석의 예에서 보듯

국내성 인근 지역에서도 쉽게 확보할 수 있기 때문이다.

한편 광개토왕비가 평양 천도 의지와 무관하지 않고 왕릉들에 대한 안전 수호책을 마련하기 위한 것으로 보거나 국내성 시대를 매듭짓고자 한 정치 행위의 산물로 이해하기도 한다. 평양 천도가 이미 오래전부터 계획되었음을 전제로 광개토왕비의 건립을 평양천도라는 국가 중대사와 연결해서 추론한 것이다.

광개토왕비의 성격을 파악하기 위해서는 가장 먼저 광개토왕비에 기록된 텍스트 자체를 이해하는 데서 출발할 필요가 있다. 최근 비의 텍스트 구성에 대해 천착하는 연구들이 속속 등장하는 것은 바로 이러한 문제의식에 따른 것으로 볼 수 있다.

광개토왕비 1면은 고구려의 출자(出自: 유래)와 광개토왕 생애의 대략을 적은 부분과 사(詞: 말씀)의 내용이 시작되는 부분이다. 1부는 '其詞(辭)曰(기사왈: 그 말씀은 다음과 같다)'로 끝을 맺으면서 2칸의 공란을 두었고, 다음 행부터 395년(영락 5) 기사를 시작으로 연대기식으로 서술되고 있다. 이때 공란은 광개토왕의 훈적 내용을 담기 위해 그 이하 공간과 의도적으로 띄어쓰기한 것으로 볼 수 있다. 중국 묘지나 묘비에서 보이는 뇌사(誄辭: 고인을 추모하는 글) 형식을 차용한 것이다.

여기서 텍스트 구성상 생각해볼 문제는 '其詞曰'의 내용이 어디까지인지가 하는 것이다. 즉 '其詞曰' 이하가 전체 내용인 비의 끝까지 해당하는 것인지, 아니면 3면의 수묘인연호 앞까지 정복 기사에 한정하는 것인지를 판단해야 한다. 형식으로만 보면 비 마지막 부분까지 이어지는 방식을 취하고 있다. 이에 대해 최근 비의 마지막 글자 '之(지)'가 '其詞曰' 이후 시작되는 문장 전체의 대종결사 기능을 한다는 견해가 제시된 바 있다. 즉 '其詞曰' 이후로는 종결사가 하나도 없이 마지막에 '之'로 전체를 종결했고, 이러한 구성은 중국 묘비와 유사하다는 것이다. 또한 최종 행의 자리에 공백이 생기기 때문에 이를 메우려는 의도에서 쓴 글자라는 다른 의견도 있다.

그러나 고구려나 신라의 금석문에서 '之'가 단일 문장의 종결사로 사용되는 예는 허다하다. 고구려의 경우 광개토왕비를 비롯하여 충주고구려비, 덕흥리고분 묵서명, 평양성 석각 등에서 이러한 용례를 찾아볼 수 있다. 따라서 마지막에 있는 '之'를 대종결사 또는 공란을 메우기 위한 글자로 보는 데 동의하기 어려운 점이 있다. '之'가 대종결사로 사용된 용례를 찾을 수 없고, 특히 마지막 문장 "其有違令 賣者刑之 買人制令守墓之(기유위령 매자형지 매인제령수묘지)"를 보면 문장 구조상 앞 구절 '~刑之(~형지)'의 종결사 '之'에 대응하여 뒤 구절 '~守墓之(~수묘지)'의 종결사로 '之'가 쓰였다고 이해할 수 있다.

그런데 문제는 2부와 3부가 내용은 비록 이어질 수는 있다지만, 전혀 별개의 성격을 갖는 문장 형식으로 되어 있다는 점이다. 수묘인연호 앞까지와 수묘인연호 이하 문장의 서술 방식이나 형식이 전혀 다르다. 전자는 광개토왕과 관련한 내용을 연대기로 서술한 일종의 송덕비나 신도비에 들어갈 만한 문장 형식인 데 비해, 수묘인연호 이하 부분은 구체적인 연대 기록도 없이 '敎(교)'와 '制(제)'가 등장하는 교언(敎言)이나 제령(制令) 같은 일종의 공적인 포고문과 유사한 형식의 문장이다.

이러한 측면을 두고 텍스트의 이해에 대한 몇 가지 의견이 제시되었다. 이성시는 수묘제 창출이라는 광개토왕의 공덕을 칭송하기 위해 하나의 텍스트로 유기적으로 연결되어 있다는 점을 강조했다. 전체적으로 수묘제 창출을 위한 과정으로 비의 내용을 설정했다고 이해한 것이다. 그런데 이 경우 1부와 2부의 문장 형식과 3부의 문장 구성이나 형식이 너무나 상이하다는 점이 문제가 된다. 이와 달리 광개토왕 사후 장수왕이 2개의 비석, 즉 부왕의 훈적을 기리기 위한 훈적비와 부왕의 왕릉 수묘를 위한 수묘인연호비을 세우려다가 둘을 한 비석에 합쳐 기록했다고 보는 주장도 있다. 이 견해는 광개토왕비의 텍스트 이해에 새로운 관점을 제시했다는 점에서 의미가 있다.

필자 역시 광개토왕비가 성격이 다른 두 가지 텍스트로 이루어져 있다는 점에는 부분적으로 동의한다. 나아가 광개토왕비가 광개토왕만을 위한 수묘비로는 볼 수 없으며 수묘인연호 부분이 처음부터 광개토왕의 수묘비를 세우기 위한 텍스트는 아니었다고 판단한다. 애초에 광개토왕의 훈적을 작성하면서 광개토왕비의 '其詞曰' 내용은 연대기적 기술에 한정되었을 것이며 수묘인연호 부분은 형식을 달리하는 텍스트가 별도로 존재했을 것이다. 이러한 별도 텍스트의 내용이 광개토왕의 훈적 내용과 깊은 관련이 있었기에 '其詞曰' 내용 아래에 부가적으로 기술되었다고 생각된다. 광개토왕비의 3부에 해당되는 수묘인연호 부분 내용은 교언이나 제령 형식의 텍스트가 따로 존재했으리라는 추정이다. 이후 발견된 지안고구려비가 바로 광개토왕비의 수묘인연호 부분과 관련된 별도의 텍스트, '묘상입비'로 표현된 각 왕릉 수묘비와 교령비(敎令碑)에 해당한다고 상정할 수 있다. 즉 수묘제 정비에 관한 내용이 주가 되는 지안고구려비의 내용을 기초로 하여 수묘제 정비와 개편에 대한 광개토왕의 훈적 내용이 훈적비인 광개토왕비에 기록된 것이다.

성격이 다른 텍스트를 합쳐서 기록했다는 견해에 대한 재

반론도 있다. 광개토왕비의 전체 기술 방식이 횡적인 서술(시간적 흐름과 관계없이 주제를 병렬적으로 나열하는 서술)로 일관된 점을 지적하면서 성격이 다른 두 가지 텍스트가 합쳐진 것이 아니라, 처음부터 하나의 글로 작성되었고 한 가지 목적을 위해 서로 유기적으로 연결된 서술 구조라는 설명이다. 또한 능비 비문 찬자(撰者)가 기획 단계부터 광개토왕의 사적과 함께 수묘인연호조를 명사(銘辭: 비문에서 죽은 이의 공덕과 애도의 말을 운문체 형식으로 찬술한 부분)의 한 단락으로 구성했다고 보기도 했다.

광개토왕비에서 특히 이상한 점은 '其詞曰' 이하가 중국식 묘지에서 흔히 볼 수 있는 뇌문(誄文) 형식임에도 연대기적인 훈적과 수묘 관련 내용으로 가득 채우고 있다는 것이다. 이에 대해 광개토왕비는 장송 의례(葬送儀禮)의 뇌사(誄詞: 고인이 살았을 때 공덕을 칭송하며 문상하는 말)를 바탕으로 작성된 것으로 이해하기도 한다. 하지만 중국의 묘비나 묘지에서 보이는 뇌문과는 내용상으로 많은 차이가 있다. 보통 묘비나 묘지에서 공적에 해당하는 부분은 뇌문 앞에 서술되는데 비해 광개토왕비에는 뇌사에 연대기적 공적과 수묘제 관련 내용이 들어 있다. 이것은 아마 광개토왕의 공덕을 일일이 되새기며 신에게 복을 비는 차원에서 이루어졌을 가능성이 있지 않을까 한다.

이처럼 광개토왕비의 텍스트 구성이 중국에서도 그 예를 찾아볼 수 없는 독특한 것이어서 비문 내용 구성에 대해 면밀하게 검토할 필요성이 있다. 중국의 경우에는 특히 묘비나 묘지에 '其詞曰' 또는 '其辭曰' 또는 '其銘曰(銘云)' 등으로 뇌문 형식이 등장하며 뇌문 내용도 추상적인 추도문 같은 형태로 몇 줄 기록되는 것이 보통이다. 그런데 광개토왕비는 '其詞曰'로 뇌문을 구성한 형식은 동일하지만 내용상으로는 전혀 다른 구성을 보여준다. 이것은 고구려가 중국 묘비나 묘지 형식을 일부 차용하긴 했지만 문장 구성에서는 중국과 차별성을 띠었음을 의미한다. 중국식 묘비, 묘지 문화의 형식을 차용하면서도 실제로는 고구려만의 독특한 서사 구조를 발전시킨 것이다.

광개토왕비 3부에 나오는 220가 또는 330가가 광개토왕만을 위한 수묘인연호 구성이 아닐 여지가 많기 때문에 3부 또한 수묘제 정비와 매매 금지령을 내린 광개토왕의 업적에 해당한다. 물론 수묘제 전체 정리를 통해 국내성 시기 왕릉 수묘제를 완비했다는 측면에서 수묘제와 연관성은 부정하기 어렵다. 그러나 1부 마지막 "훈적을 기록하여 후세에 보인다"라는 구절, 그리고 이후 '其詞曰'의 내용이 정복 전쟁과 수묘제 정비라는 두 가지 업적을 병렬적으로 구성했다는 점에서 비의 성격은 훈적비에 가깝다고 생각한다.

광개토왕비는 고구려사 연구에서 가장 핵심이 되는 자료로서 고구려의 건국·세계·신화·천하관·대외 관계·군사 활동·수묘인연호 등 많은 내용을 알려주는 동시에 고구려의 위상을 단적으로 보여주는 동아시아 최대 석비라는 데서 그 의의를 찾을 수 있다. 이를 통해 우리는 고구려가 4~5세기 동북아시아 역사를 이끌어간 한 축이었다는 사실, 다시 말해 신라·백제·가야·왜 등이 고구려에 막대한 영향을 받았다는 사실을 유추할 수 있다.

제2장

지안고구려비의 비밀

비의 발견

지안고구려비가 중국에서 발견된 날짜는 2012년 7월 29일이다. 지안시(集安市) 마셴향(麻線鄉) 마셴촌(麻線村)에 있는 마셴허(麻線河) 강가에서 마사오빈(馬紹彬)이란 한 주민이 발견했다. 비는 마셴허 구교(舊橋)에서 남쪽으로 83미터 지점 오른쪽 강가에 자리하고 있었다. 발견자는 포도를 재배하기 위해 기둥으로 쓸 돌이 필요해서 인근의 마셴허 강변에 있는 큰 돌을 구해 집으로 가져갔다. 그 돌을 잘라서 쓰려고 하는데 돌에서 글자가 확인되어 7월 30일 공안에 신고했다고 한다. 마셴허에 글자가 새겨진 돌이 있다는 사실은 이미 오래전부터 주민들 사이에 알려져 있었지만 이제야 발견된 것이다.

　비석이 신고되면서 이 소식은 8월 9일 자 지안시정부(集安市政府) 홈페이지에 올랐으나 한국내로는 알려지지 않았다. 그 밖에 중국 인터넷 매체 두어 곳에서 고구려비 발견 기사가 보도되었지만 한국내 학계에는 알려지지 않았다. 그러다가 2012년 12월 20일 제6회 신라학 국제학술대회가 경주 드림센터에서 열렸는데 여기에 참석했던 베이징대학의 쑹청유(宋成有) 교수가 고구려비 발견 사실을 밝혔고, 이것을 이영호 경북대 교수가 학계에 제보했다. 이어 2013년 1월 4일 중국 국가문물국(國家文物局)이 발행하는『중국문물보(中國文物報)』를 통해 비의 발견이 공식 발표되기에 이르렀다.

　비의 최초 발견자 마사오빈은 비를 집 앞 화단으로 옮겼다고 한다. 최초 검토자는 왕즈민(王志敏) 퉁화시문물보호연구소(通化市文物保護研究所) 소장이었고, 이것이『중국문물보』루훙(盧紅) 기자에게 알려졌다. 비석은 처음 발견자의 집 담벼락으로 옮겨졌다가 천추묘(千秋墓) 관리사무소 앞으로 다시 이동하여 그곳에서 탁본을 했다. 이후 동북아역사재단 홈페이지 '자유게시판'에 한 관광객이 이날 탁본 장면을 촬영한 사진과 동영상을 올려서 발견 이후 탁본한 정황을 살펴볼 수 있었다.

　중국 학계에서 공식 발표했음에도 비의 진위 논란이 벌어졌지만, 여러 가지 정황상 그리고 비의 판독문 내용을 근거로 한국고대사학회에서 비가 고구려 당대의 비석임을 인정하기에 이르렀다. 일부에서 비가 진짜인지 의심하기도 하지만 현재로서는 위조되었을 가능성은 매우 낮은 것으로 보인다. 만약 비가 위조되었다면 그 목적이 명백해야 하는데 현재 비의 구절로는 어떤 의도성을 발견하기 힘들뿐더러 위조 목적도 설명하기 어렵다. 또한 비에 나오는 표현들 중에는 후대 사람들이 창안해서 사용하기 어려운 용어들도 보이기 때문에 위작설은 근거를 갖기 어렵다고 할 수 있다. 따라서 현재 지안고구려비는 고구려 당대에 제작된 것이 분명하다. 중국 학계의 대처를 보더라도 이 비가 위작되었을 가능성은 거의 없다. 실제로 중국 학계에서는 비가 고구려 당시의 비임을 공식 발표하고 보고서도 간행했다.

비의 형태와 위치

　지안고구려비는 후한(後漢) 시기 유행한 삼각형 비수(碑首: 비석 머리 부분)를 가진 규형비(圭形碑)다. 비석 크기는 높이 173센티미터, 너비 60.6~66.5센티미터, 두께 12.5~21.5센티미터이며 무게는 464.5킬로그램에 달한다. 비좌에 꽂기 위한 돌기는 길이 15~19.5센티미터, 너비 42센티미터, 두께 21센티미터로 알려졌다.

　한편 비문은 전면에 10행이 실려 있다. 1~9행까지는 각 22자, 마지막 10행은 20자로 총 218자로 구성되었다. 비 상단 오른쪽 부분이 손상을 입어 9자가 결실된 상태다. 후면은 글자가 있었으나 마모가 심한 것으로 보고되었고 인위적인 훼손 가능성까지 제기되고 있는 실정이다. 이것은 지안고구려비가 발견 지점에서 장기간 묻혀 있는 동안 강물이나 모래와 돌에 깨지고 마모된 결과로 여기고 있다. 발견 당시 비석 앞면은 하천 바닥을 향해 엎어져 있었으며, 비석 머리는 하천을 향해 약간 들린 상태였고, 순두(榫頭: 비좌에 꽂기 위해 만들어진 비석 하부의 돌출된 뿌리 부분) 등 밑부분은 물가 모래와 자갈 속에 묻혀 있었다고 한다. 앞면이 하천 바닥을 향했기 때문에 뒷면에 비해 비문이 남아 있었고 밑부분이 땅에 묻히고 머리 부분은 강물에 닿았던 까닭에 비면(碑面) 윗부분의 마모가 심했다. 뒷면에 인위적인 훼손처럼 보이는 팬 자국이 있고 비문이 거의 남아 있지 않은 것도 강물이나 모래와 돌에 장기간 노출되었기 때문으로 추측한다.

지안고구려비는 인근 지역에서 나오는 화강암을 가공해서 만들었다. 치싱산(七星山) 최서단에 위치한 훙싱(紅星) 채석장의 석질이 지안고구려비와 같은 것으로 확인된다. 지안고구려비의 형태는 직사각형으로 위쪽이 좁고 아래쪽이 넓다. 앞면과 뒷면, 좌우 측면은 가공을 해서 다듬었다. 비석은 비좌에 끼워 넣을 수 있도록 되어 있으나 현재 비좌는 확인되지 않는다. 따라서 전진(前秦)이 후한 시대 판비형(판자 모양 비석) 2면비 형식을 수용·정립한 양식을 고구려가 그대로 받아들인 결과가 지안고구려비일 것으로 추정된다.

물론 당시 고구려 영토 내에는 관구검기공비(毌丘儉紀功
碑: 고구려로 쳐들어 와 환도성丸都城을 점령했던 위魏나라 장군 관구
검이 자신의 전공을 기념하여 세운 비석)가 이미 존재했는데 지안
고구려비는 바로 관구검기공비와 거의 유사하다. 관구검기
공비 역시 윗부분을 세모꼴로 만든 규형비로 중국 형식 비
의 첫 사례로 남아 있다. 비문에 보이듯이 이 비는 정시(正始)
2년인 242년(동천왕 16)에 세워졌다. 관구검기공비가 지안고
구려비에 직접 영향을 주었는지는 잘 알 수 없으나 지안고
구려비가 세워지기 이전에 규형비의 형태가 고구려에 전해
졌던 사실은 분명하다. 지안고구려비의 형태는 관구검기공
비의 영향을 직접 받았다기보다는 당시 고구려가 전진과 활
발히 교류하는 가운데 전진이 수용한 후한의 묘비 형식을
받아들여 건립한 것으로 볼 수 있다.

지안고구려비 앞면에는 10행 218의 글자가 있고, 뒷면에
도 글자가 있었던 것이 확인되었다. 처음 『중국문물보』에 소
개된 판독 글자는 140자, 근래 공식 보고서에는 156자를 판
독하고 있으나 탁본을 보면 좀 더 많은 글자를 판독할 수 있
을 듯하다. 비문의 서체는 예서(隸書)에서 해서(楷書)로 넘어
가는 과도기 서체인 '신예체(新隸體)'의 일종이라고 할 수 있
다. 신예체는 한과 위진(魏晉) 시대에 폭넓게 사용된 서체로
서 중원과 고구려의 서체 교류가 활발했음을 보여준다. 지안

고구려비의 발견을 통해 고구려에서도 이미 예서의 단계를 지나 해서로 서체 발전이 진행되고 있었음을 알 수 있다.

지안고구려비가 발견된 곳은 지안에서 단둥(丹東) 방향으로 나가는 지안의 서쪽 지역인 마선구(麻線溝)인데 국내성으로 들어오는 지안분지의 입구에 해당한다. 동쪽은 치싱산에 인접하고, 서쪽은 마셴허 양안에 이른다. 마선구 지역에는 고분 2,576기가 분포하고 있었던 것으로 현재 알려져 있다. 고분은 대체로 산기슭이나 마셴허 양안에 하천 방향을 따라 배열되어 있다. 이 마선구고분군(麻線溝古墳群)의 대표적 고분으로는 왕릉급으로 거론된 바 있는 JMM1000호묘(천추총), JMM0500호묘(서대묘), JMM0626호묘, JMM2100호묘, JMM2378호묘, JMM2381호묘 등이 있다. 이 밖에 벽화고분인 JMM0001호묘와 지안분지에서 사례가 드문 계단전실적석총(階段塼室積石塚)인 JMM0682호묘 등이 있다. 마선구고분군은 1913년부터 일본인 학자들이 조사했으며, 이후 중국이 최근까지 여러 차례 조사했다.

현재까지 왕릉급으로 거론된 마선구 지역 고분은 6기 정도다. 일반적으로 왕릉급 고분이라고 하면 그에 맞는 위계나 위상을 가진다. 현재 각 변이 30미터 또는 50미터 이상일 때 왕릉급 고분으로 비정한다. 한편 한 변이라도 30미터 이상이면 왕릉급으로 파악하기도 한다. 중국 학계에서는 2004년

마선구 지안고구려비 발견 위치와 주변의 왕릉급 고분

묘상건축(墓上建築: 고분 위에 세운 목조 건축물)이나 배총(陪冢: 딸린무덤), 제대(祭臺) 등을 가진 적석총 가운데 지안 지역에서 15기의 고분을 고구려 왕릉으로 이해했다가 근래에는 환런·지안 지역을 포함하여 19기의 적석총을 고구려 왕릉으로 파악하고 있다.

이러한 왕릉급 적석총이 지닌 가장 현저한 특징으로는 동시기 묘장(墓葬) 중 최대 규모, 묘상(墓上) 기와, 배총과 제대 시설, 전통 습속과 풍수가 결합된 입지, 묘역을 갖춘 독립된 묘장, 왕권을 상징하는 특수한 의장류 출토, 능침(陵寢: 능. 왕이나 왕비의 무덤) 유구(遺構: 옛날 건축의 잔존물)의 점차적 완비 등을 들 수 있다. 한편 강과 산 주변의 지세가 높고 시야가

넓은 곳, 독립적인 묘장, 동시기 최대 규모와 발전된 형식, 건축 재료의 우수성, 묘상 기와의 존재, 배총과 제대 그리고 제사지(祭祀址: 제사 관련 흔적이 남아있는 터)와 능장(陵墻: 능 담장) 등의 시설을 갖춘 것, 신분을 증명하는 유물이 확인되는 것 등을 들기도 한다. 또한 왕릉의 규모, 입지 조건, 능원(陵園: 왕실, 왕족의 무덤을 함께 일컫는 말), 제단, 배장묘(陪葬墓: 왕릉 주위에 쓴 왕족이나 신하의 묘), 능각(陵閣: 능과 관련된 건물), 능사(陵寺: 능을 지키기 위해 세워진 사찰)등을 검토하고 왕릉의 구성 요소로서 거대한 규모와 우월하고 독립된 입지 조건, 능원, 배장묘, 능사를 상정하기도 한다.

대체로 연구자마다 거의 비슷한 시각에서 특징을 파악하고 있는데, 이러한 사항들이 하나의 왕릉급 적석총의 상정에서 보편적 기준이 될 수 있다. 전체적으로 살펴보면 각 변이 30미터가 넘는 대형 고분으로 독립된 묘역을 가지고 있으면서 묘상 기와, 배총, 제대, 능장 등의 관련 묘역 내 시설을 갖춘 무덤이라 할 수 있을 것이다. 이러한 조건을 갖춘 대형 적석총들은 평양으로 천도하기 이전 시기인 5세기 전반기까지 고구려 왕릉으로 존재했을 가능성이 높다. 물론 묘역이 서서히 정비되었다는 사실을 감안하면 묘상 기와, 배총, 제대, 능장 등을 모두 갖춘 적석총은 주로 4~5세기 대의 대형 적석총에 해당할 것이므로 이러한 묘역 시설을 그 이전 시기의 적석총에서 모두 확인하기는 어려운 면도 고려해야 할 필요는 있다. 이러한 묘역 시설이 고분의 발전에 따라 점차 완비되었기 때문이다.

마선구 지역에서 왕릉급으로 거론된 고분들의 크기와 형식을 제시하면 〈표 5〉와 같다.

〈표 5〉 마선구 지역의 왕릉급 고분

고분명	고분명크기 (통구보고서)	비고 (왕릉보고서, 묘장보고서)	형식
0626호묘	40×40×7미터	48×41×6미터(왕릉) 48×42×6미터(묘장)	계단석광적석총(통구) 계장석광적석총(왕릉) 유단석광적석총(묘장)
서대묘	55×55×9미터	62.5×53.5×11미터(왕릉) 56.7×62.5×11미터(묘장)	계단석광적석총(통구) 계단광실적석총 (왕릉·묘장)
천추총	60×60×9미터	71×60×11미터(왕릉) 67×71×10.9미터(묘장)	계단석광적석총(통구) 계장석실적석총(왕릉) 계단광실적석총(묘장)
2100호묘	39×39×6미터	33×29.6×6미터(왕릉) 33×32.2×6미터(묘장)	계단석광적석총(통구) 계단광실적석총 (왕릉·묘장)

2378호묘	50×22×2.5미터	46×30×4미터 (왕릉·묘장)	계단석광적석총(통구) 계장석광적석총(왕릉) 유단적석석광묘(묘장)
2381호묘	18×18×2.1미터	34×25×5.8미터(묘장)	계장석광적석총(왕릉) 유단석광적석총(묘장)

　이들 고분의 크기와 형식은 〈표 5〉에서 보듯이 중국 측 보고서마다 차이가 난다. 이처럼 각 연구자마다 적석총 내부의 매장주체부(埋葬主體部)나 외형을 기준으로 한 형식 분류에서 다소 차이는 있지만 대체로 중국 측 보고서를 기준으로 매장주체부는 석광(石壙 : 자연 석괴로 장방형의 구덩이 형태로 만든 것) 내지 석곽(石槨 : 자연 석괴로 토광 내 장방형의 곽을 축조한 것)에서 광실(壙室: 횡구식 널방)로, 이어서 석실(石室: 횡혈식 돌방)로 발전하고 있고, 적석총의 외형은 계장(階墻)에서 계단으로 발전하고 있음을 확인할 수 있다. 따라서 지안 일대 왕릉급 대형 적석총의 발전 단계는 매장부인 석광을 갖춘 계장적석총이 주로 출현하고, 이어 계단광실적석총이 축조되며, 마지막으로 계단석실적석총으로 최종 완비되어가는 모습을 보여준다고 할 것이다. 계장적석총이나 계단적석총은

모두 높이와 경사각 등을 염두에 두고서 층단을 구성했는데 왕릉급 대형 적석총은 여타 고분과는 구분되는 양상으로 축조 단계부터 기획되어 조영되었을 것으로 생각된다. 즉 분구(墳丘: 봉분)의 높이와 체적을 고려한 대형화가 1차 목적이었으며 매장부도 수혈식(竪穴式: 구덩식)에서 횡구식(앞트기식)으로, 이어서 횡혈식(굴식)으로 발전하고 있으며 점차 여러 묘역 시설을 갖추어나간 것으로 보인다.

마선구 지역에서 왕릉급으로 거론되고 있는 개별 고분에 대해 고고학 연구 성과를 토대로 살펴보자. 마선구의 왕릉급 고분 가운데 비교적 시기가 앞선 것은 마선구 0626호묘, 마선구 2378호묘, 마선구 2381호묘다. 이들 고분은 대체로 계장석광(석곽)적석총의 형식을 갖추고 있다.

마선구 0626호묘는 산비탈에 자리 잡고 있는데 서대묘와 거의 유사한 입지를 보인다. 이 고분은 지안 지역 왕릉급 고분 가운데에서도 비교적 이른 시기의 고분이라 할 수 있다. 무덤은 평면이 전방후원 형태로 묘실의 구조는 정확하게 알 수 없으나 계장석광(석곽)적석총으로 추정된다. 이 무덤은 지표 위에 무덤 중앙부를 돌로 쌓은 뒤 주위에 계장을 축조한 것이다. 계장 내부는 돌을 메웠다. 분구 위와 지표에는 기와 조각들이 많이 확인되었는데, 묘상건축이 존재했을 가능성이 있다. 무덤 정상부에는 용석(熔石: 불에 타서 녹은 돌)이 확인되며, 그중 어떤 것은 기와와 엉켜 있다. 무덤 동쪽으로는 제대로 추정되는 유구가 있고, 분구와 동쪽 제대 사이에서 포석(鋪石: 길에 깐 돌)이 확인된다. 서쪽으로는 배총으로 추정되는 적석묘도 존재한다. 출토 유물은 토기, 철기, 암키와, 수키와 조각 등이다.

마선구 2378호묘는 1966년에 조사된 후 2003년에 정비하면서 재조사가 이루어져 고분에 대한 자세한 정보를 확인할 수 있게 되었다. 마선구 동남쪽에 위치하는데, 주변으로 몇 개의 적석총이 분포하고 있다. 이 고분은 계장석광(석곽)적석총으로 이해되는데, 평면은 전원후방형(前圓後方形: 앞쪽은 둥글고 뒤쪽은 네모난 모양)의 형태를 갖고 있다. 묘상에서 와당은 확인되지 않고, 승문(繩文: 새끼줄 모양의 무늬)이 새겨진 암키와·수키와가 발견된다. 이러한 기와 조각들이 확인되어 묘상건축의 존재를 상정할 수 있다. 분구 위에서 용석(熔石)이 다수 발견되며 기와 조각과 함께 엉켜 붙어 있다. 고분의 연대는 중국 측에서 대체로 1세기경 또는 2세기경으로 비정하고 있지만 명확하지 않다.

마선구 2378호 부근에 자리하고 있는 마선구 2381호묘도 왕릉으로 추정하는 고분이다. 계장석광(석곽)적석총으로, 주변에 몇 기의 적석총이 자리하고 있다. 이 고분은 일찍부터 도굴당하고 파괴되어 거의 원형을 상실한 상태다. 묘상에는 함몰된 갱이 있는데 용석과 다량의 암키와, 수키와 편들이 확인된다. 고분들의 분포 상황으로 보면 마선구 2378호묘보다는 다소 이른 시기에 조성된 것으로 보인다.

다음으로 살펴볼 고분들은 서대묘, 마선구 2100호묘로 모두 대체로 계단광실적석총으로 상정된다. 서대묘는 청나라 말부터 이 이름으로 불리기 시작했는데, 1913년 조선총독부가 처음으로 조사했다. 산비탈에 위치한 이 고분은 도굴로 파괴되어 무덤 정상부에서 아래로 커다란 구덩이가 만들어져 묘실은 확인할 수 없다. 대체로 묘실은 석실이 아니라 광실로 추정된다. 이 무덤에서도 권운문(卷雲紋: 구름 무늬 또는 달팽이 무늬) 와당을 포함한 수키와·암키와 등이 확인되는데 묘상건축의 존재를 상정할 수 있다. 천추총, 태왕릉, 마선구 2100호묘 등과 마찬가지로 입석판(立石板: 고구려 적석총에 기대어 놓은 판형의 돌)이 확인되는데, 무덤 건축에서 실용성이 보이지 않아 제사 같은 의례와 관련된 것인지 또는 장식용인지 아니면 다른 용도인지는 명확하게 알 수 없다. 무덤 북쪽에서 능원의 담장이 확인되고 동쪽으로는 제대로 추정하는 유구가 확인된다. 2003년에 서대묘 정리 작업 과정에서 토기, 청동기, 철기, 석기, 금동기(金銅器) 등 유물 38건이 출토되기도 했다. 서대묘는 입지와 형식, 규모, 출토 기물 등을 볼 때 왕릉으로 볼 수 있다. 문헌 기록과 연결해서 살펴보면

『삼국사기』에 서천왕릉과 미천왕릉의 도굴 또는 훼손 사례가 전하는데 서대묘에서 발견된 와당에 '기축(己丑)' 명문이 확인되어 329년(미천왕 30)으로 볼 수 있어서 대체로 미천왕릉으로 설정할 수 있다.

마선구 2100호묘의 현재 상태도 정비된 것이어서 원형의 모습은 아닌 것으로 보인다. 고분의 규모나 현존 계단의 정황을 보면 4단이지만 원래는 그 이상이었을 것이다. 마선구 2100호묘는 우산하 0992호묘와 형식이 유사한데 계단석실적석총으로 이행하는 과도기 단계로 설정할 수 있다. 이 고분에서도 기와가 대량으로 발견되었으며, 특히 와당이 확인되는 점에서 묘상건축이 존재했을 것으로 판단된다. 고분의 연대는 철경(鐵鏡: 쇠거울), 시유도기호(施釉陶器壺: 유약을 바른 도기 항아리), 비학운문(飛鶴雲紋: 학과 구름 무늬) 와당 등을 통해 보면 대체로 동진(東晉) 시기인 4세기 중반경으로 추정할 수 있다. 고분에서는 순금 보요식(步搖飾: 여성의 머리나 화관에 꽂는 장식)을 비롯하여 금동 갑편(甲片: 갑옷 조각) 등 금제품이 출토되었고 옻칠한 철경도 확인되었다. 특히 비학운문 와당은 권운문 와당의 일종으로 천추총 와당과 유사한 측면이 있는데 편년은 우산하 0992호묘와 서대묘의 기년(紀年) 와당에 비해 상대적으로 늦은 시기로 파악된다.

천추총은 마선구 지역의 왕릉급 고분 가운데 가장 발전된 형식을 보인다. 현재 매장주체부가 파괴되었지만 고분 위에 남아 있는 유물이나 석재로 볼 때 계단석실적석총으로 볼 수 있다. 묘상에서 권운문 와당, 연화문(蓮花紋: 연꽃 무늬) 와당, 문자전(文字塼: 문자가 있는 벽돌) 등이 확인되는 점에서 기와를 얹고 벽돌로 장식한 구조물이 묘상에 존재했을 것으로 추정된다. 묘실 내부에는 태왕릉과 같은 가옥형 석곽이 있었을 것으로 보여 태왕릉과 유사한 구조였을 가능성이 있다. 주위에는 거대한 호석이 있는데 한 변에 5개씩 총 20개가 존재했을 것으로 추정된다. 무덤 동쪽 30미터 지점에는 배총 군으로 보이는 유구가 있으나 분명하지 않다. 고분 남쪽에는 담장이 1단 남아 있고 문지(門址: 문의 흔적이 남아있는 터)도 확인할 수 있다. 천추총은 구조상으로 볼 때 서대묘, 마선구 2100호묘보다 후대의 고분이지만 태왕릉이나 장군총보다는 이른 시기의 고분으로 상정된다. 천추총의 경우 묘실이 축조되었다는 점에서 계단광실적석총보다는 다소 진전된 형식인데 천추총에서 출토된 문자전, 육판연화문(六瓣蓮花紋: 여섯 잎 연꽃 무늬) 와당 등을 볼 때 태왕릉의 연화문 와당보다는 선행하는 것으로 볼 수 있기 때문이다. 또 천추총에서는 광개토대왕 대의 연호인 '영락(永樂)'이라는 문자가 새겨진 기와 조각도 확인되고 태왕릉에서 출토된 명문 방울과 유사한 형태의 청동방울도 출토되었다. 무덤 형식이나 출토 유물 등을 볼 때 태왕릉보다 앞선 것으로 보는 것이 학계의 대체적인 견해다.

마선구 지역 왕릉급 고분과 관련하여 고고학 측면에서 주목되는 내용은 〈표 6〉과 같이 정리할 수 있다.

〈표 6〉 마선구 왕릉급 고분의 출토 유물과 묘역 시설

고분명	출토 유물	묘역 시설				
		묘상 건축	제대	능장	배총	기타
0626 호묘	토기, 철기, 기와 (수키와, 암키와)	가능성 있음	동북쪽 20미터, 차 할(車轄: 수레바퀴 굴대)과 토기 구연부(口緣部: 아가리) 출토	확인된 바 없음	북쪽에 1기의 적석총	포석, 용석
서대묘	토기, 청동기, 철기, 석기, 금동기, 기와(권운문 와당, '기축근丑'명 와당, 연화문 와당 남은 조각	존재	동북쪽 20미터, 서남쪽 직사각형 유구, 금동 보요(步搖) 장식 출토	북쪽 40.5미터	확인된 바 없음	입석판, 배수구
천추총	금제품, 금동기, 동기, 철기, 석곽 조각, 토기, 기와(권운문, 연화문, 수키와, 암키와, 문자와, 명문전(銘文塼, 명문이 있는 벽돌: 千秋萬歲永固, 保固乾坤相畢천추만세영고, 보고건곤상필), '영락(永樂)'명 기와 조각	존재	배총으로 추정되는 유구가 제대일 가능성 있음	남쪽 40미터, 문지 확인	동쪽 30미터 지점 유구로 추정	입석판, 포석, 호석, 건축지(建築址)

2100 호묘	금제품, 금동기, 철기, 철경, 토기 조각, 자기 조각, 기와(와당, 수키와, 암키와)	존재	확인된 바 없음	남쪽 30미터	확인된 바 없음	입석판, 건축지
2378 호묘	기와 (수키와, 암키와)	가능성 있음	확인된 바 없음	확인된 바 없음	동쪽 적석총을 배총으로 추정	용석
2381 호묘	기와 (수키와, 암키와)	가능성 있음	확인된 바 없음	확인된 바 없음	확인된 바 없음	용석

〈표 6〉에서 보듯이 비교적 이른 시기의 0626호묘, 2378호묘, 2381호묘는 후대의 왕릉에 비해 묘역 시설을 갖추고 있지 못하다. 대체로 용석이 공통으로 확인된다는 점에서 화장과 관련시켜 이해하거나 무수한 전쟁 과정 또는 후대의 변형 과정에서 생긴 것으로 파악하기도 한다. 용석이나 용석과 기와가 엉켜 있는 현상에 대해서는 화장의 가능성을 고려해야 하겠지만 다소 의문점이 있기는 하다. 자연적으로 노출된 상태에서 화장을 할 경우 용석 현상이 나타나는 것은 거의 불가능하다고 판단되기 때문이다. 돌이 녹거나 돌이 기와와 함께 엉켜 있는 형태가 만들어지려면 밀폐된 상태에서 1,000도 가까운 온도에서나 가능하다. 용석을 화장과 연결시켜 볼 것인지에 대해서는 향후 좀 더 연구가 필요하다.

또한 초기 고분들에는 와당이 확인되지 않고 암키와와 수키와만 확인되는데 묘상을 덮은 것인지 아니면 묘상건축이 존재했는지는 확실하지 않다. 이에 반해 늦은 시기의 서대묘, 2100호묘, 천추총 등에서는 와당이 출토되어 묘상건축이 존재한 것이 확실해 보이고 능장이 확인되어 일정한 능역(陵域)이 존재했음을 알 수 있다. 이 밖에 제대로 추정되는 유구나 배총으로 추정되는 유구 등 묘역 시설이 일부 확인되며 무덤 위에서 입석판도 공통으로 발견된다. 이러한 변화를 보면 고구려 능원의 모습이 시간이 지남에 따라 점차 완비되어가는 것을 발견할 수 있다.

마선구 지역 왕릉급 적석총의 편년이나 왕릉 비정은 개별 고분마다 절대편년 유물이 부재하는 관계로 주로 상대편년에 근거해 파악하고 있는 실정이다. 마선구 지역의 절대편년 자료로는 앞에서 설명한 것처럼 서대묘의 '기축'명 와당과 천추총의 '영락'명 기와 정도를 들 수 있다. 이들 명문 자료를 통해 볼 때 서대묘는 대체로 329년(미천왕 30)과 인접한 시기에 축조되었을 가능성이 높고 천추총은 광개토왕 시기에 어떤 행위가 있었을 것으로 상정할 수 있다. 그 밖의 고분들에서는 절대편년 자료가 확인되지 않았기 때문에 마선구 지역 고분의 편년이나 왕릉 비정은 지안 지역 초대형 적석총의 상대편년에 따라 가능하다고 할 것이다.

지금까지 지안 일대 왕릉급 고분의 피장자 비정은 고분 형식과 편년 상대순서 등에 따라 이루어졌는데 마선구 지역의 왕릉급 고분과 관련해서는 〈표 7〉과 같이 정리할 수 있다.

〈표 7〉 마선구 지역 왕릉급 고분 피장자 비정

고분명	연구자	피장자 비정
마선구 0626 호묘	장푸유(張福有)·쑨런제(孫仁杰)·츠융(遲勇)	대무신왕
	임기환, 모모사키 유스케(桃崎祐輔)	산상왕
	정호섭	태조왕
	기경량	신대왕
서대묘	손수호, 이도학	서천왕
	대부분 연구자	미천왕
마선구 2100 호묘	왕릉보고서, 웨이춘청(魏存成), 모모사키 유스케	소수림왕
	아즈마 우시오(東潮), 정호섭	미천왕 (2차 왕릉)
	장푸유·쑨런제·츠융	봉상왕
	기경량	고국원왕
	이도학	미천왕
천추총	하마다 고사쿠(浜田耕策)	미천왕
	여호규	고국원왕
	왕릉보고서, 아즈마 우시오(東潮), 웨이춘청, 모모사키 유스케, 손수호, 팡치둥(方起東)	고국양왕
	장푸유·쑨런제·츠융, 임기환, 정호섭, 이도학, 기경량	소수림왕

마선구 2378 호묘	장푸유·쑨런제·츠융, 정호섭, 기경량	차대왕 고국천왕
마선구 2381 호묘	장푸유·쑨런제·츠융	모본왕

〈표 7〉에서 보는 것처럼 마선구 지역 고분의 피장자 비정에는 합의된 의견이 없어서 피장자를 명확하게 설정하기 어렵다. 다만 서대묘는 미천왕릉, 천추총은 소수림왕릉일 가능성이 높지 않을까 생각된다.

지안고구려비가 발견된 지점은 천추총에서 서북쪽으로 450여 미터, 서대묘에서는 동쪽으로 1,150여 미터, 마선구 0626호묘에서는 동남쪽으로 860여 미터, 마선구 2100호묘에서는 서남쪽으로 650여 미터 떨어져 있다. 발견된 위치로 보면 천추총이 가장 가깝다. 그러나 비는 마셴허 강변의 서쪽 지점에서 발견되었는데 현재로서는 비가 원위치에 있지 않은 상황이기 때문에 비 발견 지점과 특정 왕릉을 직접 연관시키기 어렵다. 특히 비 발견 위치가 천추총에서는 강 상류인 서북쪽 방향이어서 인위적으로 옮겨놓지 않으면 그 자리에 있기 힘들다. 서대묘와 마선구 0626호묘는 산비탈에 위치해서 마찬가지로 그곳에서 자연스럽게 강가로 흘러내려 올 수 없는 환경이다. 또 마선구 2100호묘는 강 동북쪽에 위치해서 강변 서쪽 지점에 놓이는 상황을 더욱 상정하기 어렵다.

따라서 왕릉 후보군의 입지와 비가 발견된 입지를 곧바로 연결시키는 것은 무리며 왕릉 후보가 마셴허 북쪽에는 없어서 비가 강물에 떠내려 왔을 가능성은 거의 없다고 판단된다. 결국 비가 주변의 가까운 곳에서 밀려 내려왔거나 또는 인근 지역에 있던 비석이 인위적인 힘으로 옮겨졌을 개연성만 남는다. 특히 비 크기가 2미터에 가깝고 무게 또한 464.5킬로그램으로 비교적 무거운 점, 비의 파손 상태가 심각하지 않은 점을 보더라도 비가 발견 지점으로부터 먼 거리에서 옮겨졌다고 보기는 정황상 어려울 듯하다.

지안고구려비를 수묘제 정비와 매매 금지령을 담은 교령비(敎令碑)로 이해할 경우 비의 원위치를 추정해보자. 비의 성격을 묘상입비의 실물인 수묘비로 본다면 마선구 지역의 어느 왕릉 주변에 세워져 있었던 것으로 상정할 수 있다. 이런 관점에서 원래 비의 위치를 마선구 0682호묘나 천추총 주변으로 상정하기도 했다. 하지만 비의 성격을 수묘제 정비 내용을 담은 교령비로 이해할 때는 전혀 다른 방식의 설명이 가능해진다.

지안고구려비가 발견된 위치는 지안분지의 서쪽 마선구 지역인데 마선구는 우산하 지역과 함께 고구려 왕릉 입지로 주로 이용되었던 곳이고 지안으로 들어오는 입구에 해당된다. 지안고구려비는 발견 당시 지안에서 단둥 방향으로 나가는 도로상에 놓인 마셴교(麻線橋)와 그보다 북쪽을 지나는 구도로에 놓인 구마셴교 사이의 강가에 노출되어 있었다고 전한다. 이처럼 물가에서 발견된 석비는 아마 하천 주변의 계단 모양 평지인 단구(段丘)에 있던 것이 어떠한 사유로 인해 하천변으로 밀려 내려갔거나 인위적으로 옮겨졌을 개연성이 높다. 대체로 비의 원래 위치는 앞서 설명한 것처럼 비 발견 지점에서 멀리 떨어진 곳으로 상정하기는 어렵다. 비의 상태로 보아 멀리서 옮겨지거나 여기저기 옮겨진 것이라기보다는 비교적 오랜 시간 동안 같은 자리에서 노출된 채 존재했을 것으로 짐작된다.

지안고구려비는 일반 민(民)에게 수묘제 정비와 수묘인 매매 금지에 관한 왕의 교령을 보여주기 위한 것으로 고구려 주요 왕릉이 위치한 마선구 지역에 세운 비석일 가능성이 높다. 물론 각 왕릉 주변에도 수묘인연호에 관한 내용이 주를 이루는 수묘비가 세워져 있었을 테지만 지안고구려비는 묘상입비의 실물인 수묘비 중 하나가 아니라 마선구 지역에 자리 잡고 있었던 단 하나의 비석이었을 것이다. 고대 사회와 같이 문서 행정이 발달하지 못했던 시기에는 이처럼 비를 세우는 방법으로 교령을 전했던 것으로 이해할 수 있을 것이다. 따라서 비의 원래 위치는 마선구 지역 강의 서쪽 도로 부근에 세워져 있었다고 추측할 수 있다. 비가 발견된 바로 옆 부근 평지는 각 왕릉 사이 지대면서 사람들이 주로 왕래하는 도로 주변이고 고분이 축조되지 않았던 곳이기도 하다. 광개토왕비 역시 대체로 여러 왕릉이 자리한 왕릉군으로 들어가는 입구 부근의 길가에 세웠듯이 수묘제 정비와 수묘인 매매 금지를 위한 교령을 보여주기 위해 사람들 왕래가 많고 고분이 축조되지 않은 도로 곁에 세웠다고 추정할 수 있다.

이렇듯 하천 옆 평지인 단구에 위치했던 비가 어느 시점에 근처 강변으로 흘러내려 갔거나 인위적으로 옮겨진 것이

지안고구려비의 원위치 추정

다. 최근 중국 측 공식 보고서에서도 비의 원래 위치를 비 발견 지점에서 다소 서쪽 지대로 상정했는데, 이럴 경우 지안 고구려비를 각 왕릉 주변에 세운 묘상입비의 실물인 수묘비로 이해할 수 있을지 의문이다. 왕릉과 비의 위치 관계를 해명하기가 더욱 어렵기 때문이다. 특히 왕릉급 고분에서 능장(陵墻)이 확인되고 있는 상황에서 지안고구려비를 각 왕릉 수묘비로 이해하는 것은 설득력을 갖기 어렵다.

지안고구려비는 국내성 전체로 보면 지안으로 들어오는 입구에 해당되는 마선구 지역에 위치한다. 지안고구려비의 원위치가 발견 지점으로부터 멀지 않은 곳이라고 할 경우 마선구 지역 왕릉급 고분의 중심지면서 도로와 가까운 곳에 지안고구려비가 세워진 정황을 추측할 수 있다. 국내성 지역의 전체 입지를 고려할 때도 지안고구려비가 서 있었던 위치는 지안으로 들어오는 입구이면서 완전한 서남쪽에 해당된다.

이러한 측면에서 지안고구려비와 광개토왕비는 서로 대척점을 이루면서 동시에 서로 면밀하게 연결되고 있다고 이해하기도 한다. 광개토왕비는 국내성에서 하해방(下解放)으로 나가는 지점에 서 있고, 지안고구려비는 외부에서 국내성 지역으로 들어오는 입구에 해당되는 지역에 서 있기 때문이다. 두 비는 위치상 분명하게 공통점이 발견되는 것이다. 이

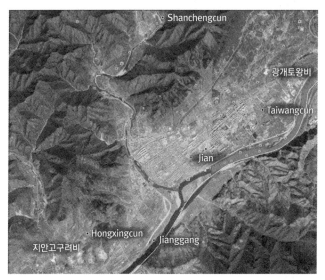

광개토왕비와 지안고구려비의 위치 관계

러한 입지는 비가 세워진 목적과 명백하게 연관성을 갖는다. 두 비 모두 사람들이 쉽게 볼 수 있는 위치에 세워진 것으로 추측할 수 있기 때문이다.

비의 탁본

지안고구려비에 접근이 어려운 현실에서 판독은 탁본에 의지할 수밖에 없지만 탁본이 얼마나 제작되었는지는 현재 정확히 알 수 없다. 다만 중국 측에서 제시한 탁본은 여러 종류가 있다.

현재까지 지안고구려비 탁본은 앞면 탁본 15종, 뒷면 탁본 1종 등 총 16종이 알려져 있다. 먼저 저우룽순(周榮順)을 대표로 하는 지안고구려비 보안팀 및 전문가팀(集安高句麗碑 安保組和專家組) 구성원들이 2012년 8월 14일 초탁(初拓) 이래 9종의 탁본을 제작했다. 2012년 8월 14~16일까지 5벌이 만들어졌는데 1~3호는 저우룽순, 4호는 가오위안다이(高

遠大), 5호는 쑨런제(孫仁杰)가 제작했다. 2012년 8월 16일의 저우룽순 탁본3호가 초기작 가운데 선본(善本: 좋은 판본)이다. 2012년 9월 이후 저우룽순이 제작한 4벌의 탁본, 저우룽순탁본A~D가 확인되는데 A~C는 농묵(濃墨: 진한 먹물), D는 담묵(淡墨: 묽은 먹물)을 이용했다. 이 가운데 9월 25일 제작된 A탁본이 선본이며, 10월 6일 156자 판독문 확정 때 사용된 저본으로 보인다. 2013년 1월 4일『중국문물보』에 공개된 첫 탁본이 바로 A탁본이다. 저우룽순 탁본A가 농묵탁본을 대표한다. 10월 25일 나온 B탁본은 보고서 수록을 위해 작성한 탁본으로 추정된다. 다음으로 2012년 11~12일까지 뤄양문물고고연구소(洛陽文物考古硏究所) 소속 전문 탁본 기사인 장화궈(江化國)와 리광푸(李光夫)가 4벌의 탁본을 제작했다. 이 가운데 장·리 탁본 2호가 선본으로 담묵탁본을 대표한다. 이 밖에 지린성문물고고연구소(吉林省文物考古硏究所)의 위리췬(于麗群)이 2벌의 탁본을 제작한 것이 확인된다. 지금까지 알려진 탁본에 대해 정리하면 〈표 8〉과 같다.

〈표 8〉 지안고구려비 탁본

	탁본명	탁본 일자	탁본자	특징
1	1호 탁본 (저우룽순 1)	2012. 8. 14.(오전)	저우룽순	최초 탁본. 이를 통해 97자의 탁문(釋文) 석문(釋文) 작성. 비면 상부 상태가 모호함.

2	2호 탁본 (저우룽순 2)	2012. 8. 15.(정오)	저우룽순	비면 상부까지 볼 수 있는 첫 번째 탁본 이나, 글자 주변 종이가 밀린 곳이 많음.
3	3호 탁본 (저우룽순3)	2012. 8. 16.(오전)	저우룽순	초기 탁본 중 선본. 8월 20일 152자 판 독의 기초가 된 탁본. 자구(字句)가 매 끄럽지 않아 둔탁한 느낌을 줌.
4	4호탁본	2012. 8. 16.(오후)	가오위안다이	상세 사항 미상이나, 먹의 농담이 고르 지 못함
5	5호 탁본 (쑨런제탁본)	2012. 8. 16.(오후)	쑨런제	먹이 진해 자획이 잘 드러나지 않으나, III-19, V-20, IX-11자 등 글자에 따라 참고가 됨.
6	저우룽순 탁본A	2012. 9. 25.	저우룽순	비석의 보존 처리 후 제작된 탁본. 156 자 판독의 기초가 된 탁본이며 저우룽 순 탁본의 대표작. 보고서에는 누락되 어 있음.
7	저우룽순 탁본B	2012. 10. 25.	저우룽순	보고서 수록을 위해 작성한 탁본으로 추정됨. 글자를 의식하면서 농묵을 이 용하여 비면의 상태를 단순화했고 자획 도 둔탁함.
8	저우룽순 탁본C	2012. 10. 25.	저우룽순	4자씩 탁본을 분절하여 탁본의 전체 상을 알 수 없음. 특히IV-1~2자, VI- 4~6자가 누락되고, VI-1~3字, VII- 1~4자는 우측 절반이 잘려 편집되어 있음. 이용에 주의를 요함.
9	저우룽순 탁본D	2012. 11. 11~12.	저우룽순	뤄양문물고고연구소 장화궈·리광푸의 기술 전수를 받아 담묵을 이용하여 비 면의 상태를 드러내고자 했으나, 오히 려 자구가 흐림. 뒷면 탁본까지 확인 가 능함.
10	장·리 1호	2012. 11. 11~12.	장화궈· 리광푸	옅은 먹을 이용하여 자획을 의식하지 않았으나, 자획이 흐림.

11	장·리 2호	2012. 11. 11~12.	장화궈· 리광푸	비면의 각흔과 흠집을 잘 드러내주고 있으나, 자구가 흐린 것이 단점.
12	장·리 4호	2012. 11. 11~12.	장화궈· 리광푸	비면의 상태를 드러내면서도 진한 먹을 이용. 어느 정도 자획을 의식한 탁본. 장·리 탁본의 대표작.
13	장·리 5호	2012. 11. 11~12.	장화궈· 리광푸	4호 탁본과 대동소이하나, 전체적으로 비면이 흐림.
14	위리쥔 탁본A	2013. 1. 12.	위리쥔	먹이 옅어 자획이 흐림.
15	위리쥔 탁본B	2013. 1. 12.	위리쥔	상·하단에 비해 비문 중간 부분이 흐릿하나, 글자와 흠집이 잘 드러남. 위리쥔 탁본의 대표작.

• 윤용구,「集安 高句麗碑의 拓本과 判讀」,『韓國古代史研究』70, 2013 참조.

지안고구려비(左)와 탁본(右)

비문의 판독과 해석

    지안고구려비는 공개된 탁본과 비교하여 크기가 다른 글자들이 적지 않다는 점, 각 행의 세로줄이 바르지 않다는 점, 글자의 모양과 서체가 일관성이 없다는 점, 비문의 크기에 비해 새겨진 깊이가 매우 얕다는 점이 지적되었다. 현재 지안고구려비는 지안시박물관의 로비에 전시되어 있다. 거대한 유리 상자 안에 넣어 가까이서 관찰하는 것을 제한하고 있는 까닭에 비면에 대한 자세한 관찰이 불가능한 상태다. 정확한 판독을 위해서는 비를 직접 정밀 조사할 수 있는 기회가 제공되어야 하지만 그렇지 못한 실정이다. 향후 비를 조사할 수 있는 여건이 조성된다면 한·중 공동으로 비에 대한 재검토 작업이 필요할 듯하다. 현재 국내 학계는 지안고구려비 조사 기회를 제공받지 못해 비문의 탁본 사진에 의존하여 판독을 진행할 수밖에 없다. 특히 동북공정 등 중국과 역사 갈등 문제가 한·중 공동 연구를 가로막는 객관적인 조건이라 할 것이다.

그동안 비에 대한 학계 차원의 논의는 한국고대사학회에서 비공개 검토 회의가 있었고, 고구려발해학회에서 예비 검토가 뒤따랐으며, 판독회도 개최된 바 있다. 이후 중국 측의 공식 보고서도 간행되었다. 지안고구려비는 앞면이 10행으로 구성되어 있고 뒷면은 거의 판독이 불가능하다.

현재까지 제시된 판독문은 여러 가지가 있다. 중국 학계의 경우 보고서에서는 218자 가운데 156자의 판독을 시도했다. 『지안고구려비』 보고서에 참여했던 경톄화(耿鐵華)와 쑨런제는 각기 178자와 188자, 그리고 장푸유(張福有)는 217자, 린윈(林澐)은 172자, 쉬젠신(徐建新)은 160자를 판독했다.

국내 학계에서도 한국고대사학회를 중심으로 2013년 3월 9일과 6월 1일 두 차례에 걸친 판독회가 이루어지고 여러 연구자들이 각기 다른 판독안을 내놓았다. 윤용구는 183자, 여호규는 185자 등으로 제시했다. 이후에도 몇몇 연구자가 판독문을 내놓았다.

기존 판독안을 바탕 삼아 판독문을 제시하면 다음과 같다.

X	IX	VIII	VII	VI	V	IV	III	II	I	
賣	守	□	□	□	□	[戶]	■	■	■	1
□	墓	□	□	□	□	[守]	■	■	■	2
若	之	□	□	□	□	□	■	■	■	3
違	民	□	好	□	□	□	□	子	■	4
令	不	立	太	[世]	□	烟	各	河	世	5
者	得	碑	□	室	[王]	戶	□	伯	必	6
後	擅	銘	王	追	國	□	烟	之	授	7
世	買	其	日	述	岡	□	戶	孫	天	8
□	更	烟	自	先	上	□	以	神	道	9
嗣	相	戶	戊	聖	太	□	□	靈	自	10
□	[擅]	頭	△	功	王	富	河	祐	承	11
□	賣	□	定	勳	□	□	流	護	元	12
看	雖	人	律	□	平	□	四	△	王	13
其	富	名	教	高	安	轉	時	蔭	始	14
碑	足	△	內	悠	[太]	賣	祭	開	祖	15
文	之	示	發	烈	王	□	祀	國	鄒	16
與	者	後	令	繼	神	□	然	璧	牟	17
其	亦	世	更	古	亡	守	而	土	王	18
罪	不	自	脩	人	□	墓	世	繼	之	19
過	得	今	復	之	[興]	者	悠	胤	創	20
	其	以	各	慷	東	以	長	相	基	21
	買	後	於	慨	西	銘	長	承	也	22

□ : 자획은 있으나 판독이 어려운 글자   ■ : 소실된 글자

△ : 자획은 있으나 판독에 이견이 있는 글자   [ ] : 남은 자획으로 추정한 글자

물론 이러한 판독문 이외에 몇 글자를 더 판독한 연구 성과가 제시되기도 했지만, 확실하지 않은 부분이 많아서 인정할 수 있는 부분만 기재했다. 비문을 해석하면 다음과 같다.

□□□□세(世), 필연적으로 천도(天道)를 내려주시니, 스스로 원왕(元王)을 계승하여 시조 추모왕이 나라를 개창하셨다. □□□자(子), 하백지손(河伯之孫)으로서 신령의 보호와 도움을 받아 나라를 건국하고 강토를 개척하셨다. 후사(後嗣)로 이어져 서로 계승했다.

□□□□ 각 묘(墓)의 연호(烟戶)가 하류(河流)□□ 사시(四時)에 제사를 거행했다. 그렇지만 세월이 오래되어 연(烟)□□ □□□, 연호가 □□□□ 전매되었다. 이에 수묘자(守墓者)를 □하여 □□에 새겼다. □□□□□, 국강상태왕(國岡上太王), □□□왕(王) 신망(神亡), 동서□□□□실(室)을 □□하고, 선왕(先聖)의 공훈이 아주 높고 매우 빛나며 고인(古人)의 굳센 의지를 계승했다고 추술(追述)했다.

호태□왕(好太□王)이 이르시기를 "무△년(戊△年)에 율(律)을 제정한 이래 조정에 교(敎)하여 영(令)을 발포하여 다시 수복(修復)하라. 각 □□□□□에 비석을 건립하고 연호두(烟戶頭) 20명의 명단을 새겨 후세에 전하여 보이라. 지금 이후로 수묘지민(守墓之民)은 함부로 사거나 다시 서로 되팔지 못하며,

비록 부족지자(富足之者)라도 매매할 수 없다. 그러므로 만약 영(令)을 어긴 자는 후세토록 ㅁㅁ를 계사(繼嗣)하도록 하고, 비문을 보아 죄과를 부여하라"라고 하셨다

비문의 해석은 비문 판독에 따라 상당 부분 차이가 있을 수 있다. 위에서 제시한 해석문은 판독문마다 차이가 나는 점을 고려하여 어느 정도 보수적인 수준에서 해석한 것이다. 일부 연구자 가운데는 더 많은 글자를 판독하여 해석하고 있지만, 실물에 대한 정밀 조사나 탁본 가운데 선본을 직접 조사할 수 없는 상황에서는 이런 보수적인 접근이 바람직하다고 여겨진다. 특히 가장 논란이 되고 있는 7행의 판독과 해석은 비에 관한 모든 사항을 달리 볼 수 있는 여지를 제공한다는 점에서 가장 신중한 접근이 필요하다.

비문 내용 분석

지안고구려비의 앞면 내용은 크게 두 부분으로 나누어볼 수 있는데 1~2행은 고구려의 건국과 왕위 계승, 3~10행은 왕릉 수묘(守墓) 관련 사항 등을 기술하고 있다. 수묘 관련 사항을 담은 부분은 수묘제 운영상의 문제(3~6행), 역대 율(律)의 제정과 영(令)의 발포(7행 9~20자), 수묘비 건립(7행 21자 ~8행 18자), 수묘인연호 매매 금지 및 처벌 규정(8행 19자~10행 20자) 등 네 부분으로 세분할 수 있다.

1~2행의 내용은 천도를 받아 원왕을 계승하여 시조 추모왕이 나라를 개창하셨음을 밝히고 있다. 여기서 원왕에 대해서는 약간의 논란이 있는데 천제(天帝)·해모수(解慕漱)·유화

(柳花) 등으로 파악한다. 지안고구려비에도 광개토왕비나 모두루묘지와 마찬가지로 고구려 천손(天孫) 의식의 표현인 천제지자(天帝之子) 또는 일월지자(日月之子)로 추정되는 문구가 보이고 하백지손(河伯之孫)으로 모계를 표현한 부분 또한 있다. 이를 통해 대략 5세기 후반(장수왕 대 후반) 이전에는 고구려 건국신화 체계가 완전하게 형성되어 있었음을 분명하게 확인할 수 있다.

이어지는 수묘인연호 관련 내용은 대체로 시간 순서에 따라 기술되고 있다. 3~6행은 각 왕릉 수묘인연호가 사시(四時: 사계절)에 제사를 수행했다는 사실과 함께 수묘제 운영에서 문제가 나타났음을 밝히고 있다. 아울러 고구려 왕호가 보이는데 여기서의 '국강상태왕'은 고국원왕을 지칭하는 것으로 모두루묘지명에도 나타나는 표현이다. 이 부분을 조상 제사 등 종묘(宗廟)와 연결 짓기도 하지만 현재로서는 판독이 명확하지 않다.

한편 뒷부분의 "古人之慷慨(고인지강개: 옛사람의 굳센 의지)"라는 표현을 근거 삼아 건립 시기를 추정하는 견해가 존재한다. 도연명(陶淵明: 365~427)의 「감사불우부(感士不遇賦)」에 나오는 "伊古人之慷慨(이고인지강개)"와 비문의 "繼古人之慷慨(계고인지강개)"라는 문구가 첫 글자만 다르고 동일하다는 점을 들어 비가 장수왕 대에 건립되었다고 보는 것이다. 도연명은 40대 초반부터 427년 사망하기까지 은거 생활을 했는데 그가 사망하고 수십 년이 지나서도 작품이 세간에 널리 알려지지 못했다. 양(梁)의 소명태자(昭明太子) 소통(蕭統: 501~531)이 도연명의 시를 모아 처음으로『도연명집(陶淵明集)』을 펴냈는데「감사불우부」도 거기에 수록되어 있다. 그럼에도 문학사적으로 남북조시기에 걸쳐 도연명의 시부(詩賦)는 그다지 주목받지 못했는데 유협(劉勰)이 499~501년 무렵에 찬술한 시문 비평서인『문심조룡(文心雕龍)』에는 언급조차 되지 않았으며 종영(鍾嶸)의『시품(詩品)』에서는 도연명의 시를 '중품(中品)'으로 분류했을 뿐이다. 결국 도연명의 시부는 당시 사람들의 관심을 받지 못했으며 당나라 때 이르러서야 널리 인정받고 알려지게 된다. 이러한 상황으로 미루어 도연명이 은거해 지내던 407년(진晉 안제安帝 의희義熙 3) 43세를 전후하여 또는 416년(의희 12) 52세 무렵에 지은 것으로 알려진「감사불우부」가 단기간에 멀리 고구려까지 전래되었을 가능성은 희박하다. 또한「감사불우부」에서 "伊古人之慷慨"란 '옛사람들이 공명(功名)을 이루지 못함을 슬피 탄식한다'는 의미고, 같은 작품의 "此古人所以染翰慷慨(차고인소이염한강개: 이것이 바로 고인이 붓을 적셔 강개한 까닭이며)"라는 문구에서 '慷慨(강개)' 또한 '비분에 차다'로 해석된다. 사실상 도연명의 글에서 '강개'는 대개 '비분' '애탄'의 의미로 사용되고 있는데, 지안고구려비의 '강개'와는 전혀 다른 의미이므로 용법상 차용한 문구로 보기 어렵다. 따라서 이 문구 하나로 지안고구려비의 건립 시기를 추론하는 것은 다소 무리가 있다고 본다.

7행 9~20자는 가장 논란이 많은 부분으로 판독안의 차이가 심하다. 대체로 '好太□王曰(호태□왕왈)' 또는 '丁卯歲刊石(정묘세간석)' '癸卯歲刊石(계묘세간석)' 등으로 판독하고 있는데 이 판독에 따라 건립 연대에 상당한 이견이 나타난다. 정묘세(丁卯歲)는 427년(장수왕 15)이며, '看其碑文(간기비문)'의 '비문'은 광개토왕비를 가리킨다고 보기도 한다. 또는 '丁卯歲刊石'으로 판독하면서 '國岡上太王(국강상태왕)'이나 '先聖(선성)'을 광개토왕으로 비정하고 추술(追述)한 이를 장수왕이라 보기도 하며 장수왕이 평양으로 천도하기 이전인 412~427년 사이에 비를 세웠을 것이라 여기기도 한다.

현재 국내 학계에서는 상당수가 '호태□왕왈'로 판독하고 있어서 여기서는 이 견해를 따른다. 이 판독에 따른다면 '광개토왕께서 이르시기를 무□년에 율을 정한 이래 교를 내리고 발령하여 다시 수복하라 하셨다'는 내용이다. 이처럼 비문에서 '律(률)' '令(령)' '敎(교)' 같은 표현이 나와 고구려 율령(律令)의 실상을 밝히려는 움직임이 지속적으로 이루어지기도 했다. 이와 관련하여 중간의 간지(干支) 부분 '戊□(무

口)'가 특히 주목되었는데, 戊子(무자: 388년, 고국양왕 5), 戊申(무신: 348년, 고국원왕 18 / 408년, 광개토왕 18), 戊午(무오: 358년, 고국원왕 28 / 418년, 장수왕 6) 등으로 판독하고 있지만 아직까지 명확하지 않다.

'戊口'를 '戊子'로 판독하는 견해는 388년(고국양왕 5)에 수묘율(守墓律)을 제정했다고 보고, 나아가 지안고구려비를 광개토왕이 지시했던 '묘상입비'의 산물로 본다. '戊申'으로 판독하는 경우는 408년(광개토왕 18) 수묘율을 제정한 직후인 광개토왕 대에 비가 세워졌을 것이라고 추정한다. 또한 '戊午'로 판독하는 경우는 358년(고국원왕 28)으로 비정하면서 이때 종묘 관련 율이 제정되었다고 이해한다. 하지만 무자, 무오, 무신 어느 해에 어떠한 율이 제정되었다 하더라도 지안고구려비의 건립 시기를 직접 알려주는 것은 아니다. 다만 고구려 수묘제와 관련한 전반적인 추이를 이해할 때는 중요한 시점임은 부정할 수 없다.

7행 21자~8행 18자까지는 각 무덤에 비석을 건립하고 연호두(烟戶頭) 20명의 명단을 새겨 후세에 전하여 보이라는 내용이다. 바로 광개토왕비에 나타나는 묘상입비의 내용으로 짐작되며 묘상입비에 연호두의 명단이 새겨져 있었던 것으로 이해된다. 연호두의 실체에 대해서도 이견이 존재하는데 연호의 호주(戶主)로 보기도 하고 왕릉 수묘인연호의 책임자 내지는 관리자로 보기도 한다. 하지만 수묘인의 사망 등으로 각 수묘비에 새겨진 내용이 변경되어야 하는 상황이 나타날 것이므로 각 비마다 연호 호주명을 새기는 조치가 실질적인 의미를 갖기 힘들다는 점에서 다소 의문의 여지가 있다.

8행 19자~10행 20자까지는 수묘인 매매 금지와 영을 어긴 자에 대한 처벌 내용을 담고 있다. '守墓之民(수묘지민: 묘를 지키는 백성)'은 '富足之者(부족지자: 부유하고 넉넉한 사람)'가 매매할 수 없음과 영을 어긴 경우 죄과를 준다는 내용이지만, 그 처벌의 내용이 구체적이지는 못하다.

지안고구려비의 내용을 정확하게 이해하기 위해서는 광개토왕비와 비교가 필수라 할 것이다. 두 비가 내용상 유사한 부분이 많기 때문이다. 특히 내용 구성상 공통으로 보이는 것이 건국 및 왕위 계승 부분과 수묘제 관련 부분이다. 광개토왕비에는 광개토왕의 정복 전쟁에 관한 부분이 포함되어 있지만 지안고구려비는 주로 수묘제 관련 내용만 다루고 있다. 따라서 건국 및 왕위 계승 부분과 수묘제 관련 부분 내용을 비교해볼 필요가 있다.

건국과 왕위 계승을 다루고 있는 두 비의 내용은 〈표 9〉와 같다.

〈표 9〉 지안고구려비와 광개토왕비에 나타나는 건국과 왕위 계승 부분 비교

분류	내용	지안고구려비	광개토왕비
A	건국 시조	□□□世 必授天道 自承元王 始祖 鄒牟王之創基也 (1행)	惟昔始祖鄒牟王之創基也 (1면)
B	출자와 건국 과정	□□□子 河伯之孫 神靈祐護蔽蔭 開國辟土 (2행)	出自北夫餘 天帝之子 母河伯女郎 剖卵降世 生而有聖 □□□□ □命駕 巡幸南下 路由夫餘 奄利大水 王臨津言曰 我是皇天之子 母河伯女郎 鄒牟王 爲我連葭浮龜 應聲卽爲 連葭浮龜 然後造渡 於沸流谷忽本西城山上 而建都焉 (1면)
C	왕위 계승	継胤相承 (3행)	不樂世位 因遣黃龍 來下迎王 王於忽本東岡 履龍頁昇天 顧命世子 儒留王 以道興治 大朱留王 紹承基業 (1면)

　　전체적으로 보면 건국과 왕위 계승을 다룬 부분에서는 광개토왕비가 내용이 더 풍부하고 자세하다. 다만 지안고구려비의 1행에서 '□□□世 必授天道 自承元王(□□□세 필수천도 자승원왕)'이라는 표현이 눈에 띈다. '必授天道'에 대해서는 대체로 학계에 공통된 인식이 마련된 듯하지만 '自承元王' 구절 중 '元王(원왕)'의 실체에 대해서는 이견이 있다. '元王'은 만물의 본원이자 조물주를 뜻하는 '元'에서 유래한 단어로서 다른 고구려 건국설화에 나오는 '천제(天帝)'에 상응

하는 표현으로 파악한다. 다만 '천제'라는 표현이 인격신 요소가 강하다면 '원왕'은 '만물(萬物)의 본원(本源)인 원기(元氣)'라는 뜻에서 유래한 표현으로 고구려 건국 원천의 심원성(深源性)을 나타내기 위한 조어(造語)로 파악하기도 한다. 반면에 주몽보다 앞서는 왕실 조상, 시조모(始祖母), 해모수 등일 가능성이 제기되기도 했다.

광개토왕비를 보면 시조의 북부여 출자를 기록하고 있다. '出自北夫餘 天帝之子 母河伯女郎(출자북부여 천제지자 모하백여랑)' 부분인데, 북부여 출자설에서 '천제'는 일반명사로서 관념적인 표현일 수도 있겠지만, 여러 건국신화를 통해 보면 해모수일 여지도 충분히 있다. 광개토왕비에서 '惟昔始祖鄒牟王之創基也(유석시조추모왕지창기야)'로 표현한 부분이 지안고구려비에서는 그 앞에 'ㅁㅁㅁ世 必授天道 自承元王'이 추가로 서술되었다는 것은 상당한 의미가 있다. 즉 지안고구려비의 2행에 'ㅁㅁㅁ子 河伯之孫(ㅁㅁㅁ자 하백지손)'이라는 표현이 나오는데, 여기서 'ㅁㅁㅁ子'는 '天帝之子(천제지자)' 또는 '日月之子(일월지자)'일 것으로 추측할 수 있다. 지안고구려비가 광개토왕비보다 앞선 시기의 것이라면 '천제지자'일 개연성은 더 높다. 만약 '원왕'이 '천제'와 유사한 의미라고 한다면, 굳이 1행에 '원왕'을 언급할 필요성이 없는 것이다. 그렇기 때문에 지안고구려비에 표현된 '원왕'은

인격신이면서 사료에 실체적 존재로 묘사되고 있는 해모수
와 연결할 수 있는 개연성이 있지 않을까 한다. 추모왕보다
앞선 인격신이자 실체적 존재로는 해모수 이외에는 다른 대
상을 상정하기 어렵다. 이런 측면에서 본다면 광개토왕 대에
는 '원왕(元王: 해모수)-추모(鄒牟: 주몽)'로 이어지는 왕실 전
승이 존재하다가, 장수왕 대에 광개토왕비를 건립하는 시점
에서 추모를 시조로 하는 왕실 전승을 확립한 것으로 이해
할 여지도 있다.

다음으로 수묘 관련 내용은 표현만 다를 뿐 비슷한 부분
이 많은데, 다소 차이가 나는 부분도 확인할 수 있다. 그 내
용을 시간 흐름에 따라 정리하면 〈표 10〉과 같다.

〈표 10〉 지안고구려비와 광개토왕비 수묘제 관련 내용 비교

분류	내용	지안고구려비	광개토왕비
A	수묘 내용	□□□□各□烟戶 以□河流 四時祭祀 (3행)	祖王先王 但敎取遠近舊民 守墓洒掃 (4면)
B	매매 현상	然而世悠長 烟□□□□ 烟戶 □□□富足□轉賣 □□守墓 者以銘□□ (3~4행)	自上祖先王以來 墓上不安石 碑 致使守墓人烟戶差錯 (4면)
	차착 현상	然而世悠長 烟□□□□ 烟戶 □□□富足□轉賣 □□守墓 者以銘□□ (3~4행)	自上祖先王以來 墓上不安石 碑 致使守墓人烟戶差錯 (4면)

C	묘상 입비	各於□□□上立碑 銘其烟戶 頭廿人名 以示後世 (7~8행)	盡爲祖先王 墓上立碑 銘其 烟戶 不令差錯 (4면)
D	매매 금지	自今以後 守墓之民 不得擅 買 更相擅賣 雖富足之者 亦 不得其買賣 □□違令者 後世 繼嗣□□ 看其碑文 與其罪過 (8~10행)	又制 守墓人 自今以後 不得更 相轉賣 雖有富足之者 亦不得 擅買 其有違令 賣者刑之 買人 制令守墓之 (4면)
E	기타 내용	□□□□□□□□□□國岡上 太王□□□□王神亡 □興東 西 □□□□□世室 追述先聖功 勳 彌高烋烈 継古人之慷慨 (5~6행) □□□□□□□□自戊□定律 敎內發令 □修復 (7행)	吾慮 舊民轉當嬴劣 若吾萬年 之後 安守墓者 但取吾躬巡所 略來韓穢 令備□掃 → 言敎如 此 是以如敎令 取韓穢二百廿 家 → 慮其不知法則 復取舊民 一百十家 合新舊守墓戶 國烟 卅 看烟三百 都合三百卅家 (4 면)

　먼저 A는 모두 수묘와 관련된 일반적인 내용의 기술인데 지안고구려비에는 사시(四時) 제사를 기록하고 있고 광개토왕비는 원근 구민을 취하여 수묘하고 소제함을 기술하고 있다. 두 기록을 합쳐 이해할 때 고구려 사회에서 수묘인의 역할은 사시 제사와 수묘 청소임을 알 수 있다. 왕을 위한 사시 제사에서 수묘인들이 제사를 주관했다고 보기는 어렵고 사시 제사를 할 때 보조 역할을 했다고 이해하는 것이 순리일 것이다.

　B의 경우 지안고구려비에서는 세월이 지나면서 연호를

전매하는 현상에 대해 서술하면서 특별한 무언가를 명(銘)했다는 내용을 기록하고 있으나 현재로서는 뒷부분의 명확한 판독이 어려워 내용은 파악하기 힘들다. 광개토왕비에는 비석을 안치하지 않아 연호가 차착되었다는 사실을 적고 있다. 두 기사 모두 수묘제에 어떤 문제들이 발생하고 있었던 상황에 대해 기록한 것이다. 그런데 두 기록을 동일한 내용으로 파악하기는 다소 곤란한 점이 있다. 지안고구려비에서 명(銘)의 내용 파악이 어려울 뿐 아니라 차착 현상이 수묘인 매매 문제만 언급한 것으로 보이지 않기 때문이다. 차착 현상은 수묘제 운영과 수묘인연호 파악에서 발생한 어떤 차이와 착오라고 보이는데 이 문제에 대한 해결책으로 묘상입비가 시행되었던 것이다.

C는 두 비가 공통으로 각 왕릉에 묘상입비를 시행했음을 적고 있다. 다만 차이는 지안고구려비가 '烟戶頭卄人名(연호두입인명)'이라고 구체적으로 표현하고 있는 점이 다르다. 연호두에 대한 이해에 따라 수묘인연호의 편성 문제도 검토될 여지가 있으나, 현재 연호두에 대해서는 개별 수묘인연호의 호주로 보거나 관리 책임자 또는 국연 등으로 보는 견해로 대별된다. 필자는 기본적으로 수묘인연호 호주가 아니라 수묘인연호의 책임자 내지는 관리자로 이해한다. 연호두가 수묘인연호의 관리와 수묘역 수행에서 세습되는 직역 또는 직

명이었을 가능성도 상정해볼 수 있다.

지안고구려비에서는 묘상입비 시행에 대한 원인을 직접 서술하기보다 전매 문제인 듯한 분위기를 내비치고 있으나 광개토왕비에서는 수묘인연호의 차착 문제로 설명하고 있어서 차이가 난다. 광개토왕비에서는 수묘인 차착 문제와 매매 금지에 관한 문제가 다루어지고 있지만 지안고구려비에서는 수묘인 매매 문제에 집중되어 있다. 지안고구려비를 광개토왕 대에 제작된 묘상입비의 하나로 설명할 수 없는 이유 중 하나가 바로, 광개토왕비에서 언급한 수묘인연호 차착이 직접 서술되지 않는다는 점이다. 아울러 특정 왕릉 수묘비라면 왕릉 피장자에 대한 언급이 있을 법한데 지안고구려비에는 이러한 언급조차 없다.

한편 지안고구려비의 '以示後世(이시후세)'라는 구절 또한 광개토왕비의 1부에 나타나는 '於是立碑銘 記勳績以示後世焉(어시입비명 기훈적이시후세언)'과 표현 방식과 동일한데, 두 비 모두 광개토왕의 훈적이 후세에 전할 만한 것이어서 그렇게 표현했다고 볼 수 있다. 지안고구려비의 이러한 표현은 광개토왕비와 속성을 같이하는 것이다. 이는 지안고구려비에 기록된 묘상입비 행위가 광개토왕의 주요 업적 가운데 하나임을 유추할 수 있는 대목이기도 하다.

D는 두 비에서 모두 수묘인 매매를 금지하는 내용이다.

약간의 표현만 다를 뿐 거의 같은 내용으로 볼 수 있다. 지안고구려비의 7행 판독이 '□□□好太□王曰(□□□호태□왕왈)'이라고 한다면 이는 매매 금지와 관련한 광개토왕의 명령이라 할 것이다. 또한 광개토왕비에서 '又制(우제)'로 표현되는 制令(제령)으로 볼 수 있다. 광개토왕비의 우제는 광개토왕이 행한 것으로 보는 것이 합리적이다. 이 부분은 광개토왕의 명령이라는 점만이 아니라 내용상으로도 공통된다. 다만 왕의 명령이 지안고구려비에서는 '曰(왈)'로, 광개토왕비에서는 '制(제)'로 표현된 점이 차이가 있다. 그러나 당시 왕의 명령에 대한 표현이 광개토왕비에서 조차 '敎言(교언)' '制(제)' '言敎(언교)' 등으로 나오고, 지안고구려비에서도 '曰' 등으로 표현되고 있기 때문에, 이러한 차이가 특별한 의미를 가지지는 않는다고 할 것이다. 그렇지만 왕의 명령이 '曰'로 표현된 점은 매우 이례적이기는 하다. 이에 대해서는 향후 많은 검토가 필요할 듯하다.

E의 내용은 두 비에서 공통을 찾기 어려운 구절이다. 내용상으로 볼 때 매매 금지령에 앞서 '自戊□定律 敎內發令 □修復(자무□정률 교내발령 □수복)'이라고 하는 조치가 지안고구려비가 건립되기 이전의 어느 시점에 행해졌음을 알 수 있다. 광개토왕비에는 특별한 내용으로 광개토왕의 교언에 따라 수묘인연호를 교체한 것과 장수왕이 법칙을 알지 못할

까 봐 기존 구민(舊民) 110가를 재편제한 것까지 포함하여 기록하고 있다. 장수왕 자신이 수묘제 개편에서 한 역할까지 부왕의 훈적비에 포함시켜놓은 행위는 자신이 부왕의 업적을 계승·발전시키고 있음을 의도적으로 표출한 것이라 할 수 있다. 특히 광개토왕비에 광개토왕 대의 사실과 장수왕 대의 사실이 혼재되어 있다는 점에서, 비문 텍스트가 처음부터 하나의 텍스트로 작성된 것이 아니라 1~2부와 3부의 내용이 처음 작성 단계에서는 별개였을 개연성을 드러내고 있다고 할 것이다.

이상에서 살펴본 것처럼 두 비는 내용 구성상 공통점과 차이점을 갖고 있다. 그러나 대체로 수묘제 운영에 관한 일련의 양상은 동일한 흐름에서 서술된다. 지안고구려비와 광개토왕비가 무관하지 않음을 보여주는 요소라 할 것이다.

비의 성격과 역사적 의의

　지안고구려비는 광개토왕비에 나타나는 건국신화, 수묘제 등과 관련하여 유사한 내용을 전하고 있다. 그런데 일부 구절에서는 광개토왕비에 보이지 않는 표현이 나타난다. 지안고구려비의 성격을 이해하려면 동시기의 금석문인 광개토왕비와 비교·보완하면서 파악해야 할 것으로 생각한다. 특히 광개토왕비의 수묘인연호 기록과 면밀한 비교·검토가 필요하다.

　현재 지안고구려비의 성격을 해명할 가장 핵심적인 부분은 내용상으로 8행과 관련한 부분이라 여겨진다. 비가 전체적으로 수묘제에 관한 내용을 담고 있기는 하지만 비의 구

체적인 성격과 관련해서는 '연호두(烟戶頭)'의 의미가 중요
하다.

　　□ □ □ □ 立碑銘其烟戶頭廿人名 □ 示後世(□ □ □ □ 입비명기연호두
입인명 □ 시후세)

　비에서 이 부분은 "비를 세우고, 그 연호두 20인의 이름을
새겨 이를 후세에 보이라"는 내용이다. 여기서 연호두의 해
석에 따라서 비의 성격이 구명될 여지가 높다. 따라서 먼저
연호두와 관련된 용례를 살펴볼 필요가 있다. 중국 문헌 기
록을 살펴보면 중국 정사(正史) 가운데에서 『후한서(後漢書)』
와『수서(隋書)』에 '호두(戶頭)'의 용례가 보인다.

五月戊申詔曰 乃者鳳皇黃龍鸞鳥比集七郡 或一郡再見及白鳥神雀甘

露屢臻 祖宗舊事 或班恩施 其賜天下吏爵人三級 高年鰥寡孤獨帛人

一匹 經曰無侮鰥寡惠此煢獨加賜河南女子百戶牛酒 前書音義蘇林曰

男賜爵女子賜牛酒 姚察云女子謂賜爵者之妻 史記封禪書百戶牛一頭

酒十石 臣賢案 此女子百戶若是戶頭之妻 不得更稱為戶 此謂女戶頭

即今之女戶也 天下稱慶恩當普洽所以男戶賜爵女子賜牛酒 令天下大

酺五日 賜公卿已下錢帛各有差 及洛陽人當酺者布戶一匹城外三戶共

一匹 賜博士員弟子見在太學者布人三匹 令郡國上明經者 □ 十萬以

上五人不滿十萬三人

- 『후한서』「본기(本紀)」

숙종효장제(肅宗孝章帝) 유달(劉炟)기제삼(紀第三)

是時山東尚承齊俗 機巧姦偽 避役惰遊者十六七 四方疲人 或詐老詐

小 規免租賦 高祖令州縣大索貌閱 戶口不實者 正長遠配 而又開相糾

之科 大功已下 兼令析籍 各為戶頭 以防容隱 於是計帳進四十四萬

三千丁 新附一百六十四萬一千五百口

- 『수서』「지(志)」, 식화(食貨)

위의 두 사료에 나타나는 '호두'는 문장상으로 보면 '호주
(戶主)' 내지는 '호장(戶長)'을 가리키는 개념이 분명하다. 일
반적으로 호두의 사전적 의미도 호주로 이해된다. 만약 연호
두의 경우도 '호두=호주'라고 한다면 이 비는 묘상입비의 실
물인 수묘비로 이해할 수 있을 것 같다. 그런데 문제는 지안
고구려비가 제작된 시점 이전의 중국 자료 가운데에서는 호
두의 용례를 발견하기 어렵다는 데 있다. 특히 위에서 제시
한 사료들 역시 지안고구려비보다 후대의 기록이다.

『후한서』는 중국 남북조시대에 남조 송(宋)의 범엽(范曄:
398~445)이 편찬한 기전체 사서다. 범엽은 432년 선성태수
(宣城太守)로 좌천되면서 이전에 나와 있던 7종의 『후한서』와

유진(劉珍) 등이 편찬한 『동관한기(東觀漢記)』, 원굉(袁宏)의 『후한기(後漢紀)』, 진수(陳壽)의 『삼국지』 등을 참고하여 새로운 『후한서』를 편찬했다. 따라서 범엽이 『후한서』를 쓴 시점은 432년 이후다. 범엽은 445년 팽성왕(彭城王) 유의강(劉義康)의 모반에 가담했다가 처형되면서 『후한서』의 「지(志)」 부분을 완성하지 못했다. 이후 양(梁)의 유소(劉昭)가 30권의 「보주후한지(補注後漢志)」를 편찬함으로써 「본기」 10권, 「열전(列傳)」 80권, 「지」 30권으로 이루어진 『후한서』의 체재가 완성되었다. 하지만 북송(北宋) 초기까지 『후한서』는 90권의 「본기」 「열전」과 30권의 「보주후한지」가 따로 간행되었는데, 「본기」 「열전」에는 당(唐) 장회태자(章懷太子) 이현(李賢: 654~684)의 주석이 덧붙어 있었다. 북송 진종(眞宗) 때인 1022년 손석(孫奭)은 이현이 주석을 붙인 90권의 「본기」 「열전」과 유소가 편찬한 30권의 「지」를 합쳐서 간행했는데, 이것이 오늘날 전해지는 『후한서』의 판본이다. 위에서 인용한 『후한서』 내용도 지안고구려비가 제작된 이후의 기록인데, 특히 호두에 대한 기록은 당나라 이현이 붙인 주에 기록되어 있다. 따라서 『후한서』의 호두에 관한 내용은 당나라 때 기록이라고 할 것이다.

한편 『수서』는 636년(당 태종 10) 당나라에서 장손무기·위징(長孫無忌·魏徵) 등이 태종(太宗)의 명을 받아 「제기(帝紀)」

5권, 「열전」 50권, 「지」 30권으로 편찬한 사서다. 『수서』 역시 마찬가지로 당나라 때 편찬된 사서다. 그러므로 중국 사서에 나타나는 호두에 관한 용례인 『후한서』 이현(李賢)의 주(註)나 『수서』의 기록 모두 당나라 때 인식을 반영하고 있는 셈이다.

당나라 이전 시기인 진한(秦漢) 시대부터 지안고구려비 제작 시점까지 중국 기록에서 호두의 용례는 찾기 어렵다. 특히 당시 중국에서는 호주를 지칭하는 용어 자체가 달랐다. 중국에서는 진한 시대 이후로 호주를 가리키는 개념으로는 호인(戶人)이 보편적으로 사용되었다. 호인은 호의 대표로 진한 시대 호적에 정식으로 표기된 용어였다. 따라서 진한 시대 이후 호인은 후대의 호주와 동일한 용어라고 이해할 수 있는 바, 만약 지안고구려비에서 호주의 의미를 표현하고자 했다고 한다면 호인으로 기록했으리라 추정할 수 있다. 이처럼 당시 호주를 가리키는 표현이 호인이라면 지안고구려비에 보이는 연호두는 곧바로 호주 또는 호장으로 이해하기 어렵지 않을까 한다. 즉 당나라 이후의 기록에서 보이는 호두는 지안고구려비의 연호두와 직접 연결시키기 힘들다고 생각된다.

그렇다면 고구려에서 연호두는 어떤 의미로 사용한 것일까? 필자는 연호라는 표현이 중국 기록에서는 찾을 수 없는 고구려나 신라에서 사용하던 표현이고 연호두도 당나라 이전에는 용례를 찾기 어렵기 때문에 고구려식 표현이라고 생각한다. 연호두가 고구려식 표현이라고 할 때 평양성(平壤城) 석각(石刻)에 나타나는 '백두(百頭)'의 용례를 통해 연호두의 의미를 해석할 여지를 발견할 수 있다.

己酉年[三]月廿一日自此下向東十二里物苟小兄俳湏百頭作節矣(기유년[삼]월입일일자차하향동십이리물구소형배회백두작절의)

己丑年三月廿一日自此下向口[下]二里內中百頭上位使尒丈作節矣 (기축년삼월입일일자차하향口[하]이리내중백두상위사이장작절의)

위의 두 명문은 평양성 석각 2석과 3석의 내용이다. 평양성 석각은 모두 5석이 발견되었는데, 대부분의 내용이 평양성을 쌓을 때 공사 구간별로 축성을 시작한 연대, 축성 책임자, 공사 담당 구간을 기록하고 있다. 평양성 석각 1석과 3석에는 기축년(己丑年), 2석에는 기유년(己酉年), 4석에는 병술년(丙戌年)이라는 간지가 기록되어 있다. 연대 문제에 대해서는 논란이 있지만 평양의 장안성(長安城)이 552년(양원왕 8)에 축성을 시작하여 586년(평원왕 28)에 천도했다는 『삼국사기』 기록에 근거하여 대체로 6세기 후반으로 보는 견해가 우세하다.

일반적으로 고구려 인명은 충주고구려비를 비롯한 여러 금석문의 사례에서 보듯이 '직명(職名)-부명(部名: 출신지명)-관등명(官等名)-인명(人名)'으로 표기하거나 또는 직명은 생략하고 '부명-관등명-인명'으로 표기했다. 평양성 석각 명문의 판독과 해석에는 여러 이설이 존재하는데, 평양성 석각 2석과 3석에 '百頭(백두)'라는 표현이 보인다. 2석의 백두에 대해서는 '俳湏百頭(배회백두)'를 2인 또는 1인의 인명으로 보거나, '배회'는 인명이고 '백두'는 직명으로 이해하기도 한다. 2석의 백두를 직명으로 이해할 경우 일반적인 인명 표기법 순서를 벗어나고 있다는 점에서 다소 문제의 소지가 있다. 그런데 2석의 백두와 동일한 표현이 3석에서도 보인다.

3석의 백두는 표기법상으로 볼 때 직명이 분명한 듯하다. 두 기록에 나타나는 백두는 서로 다른 의미라기보다 동일한 용어일 가능성이 높을 것으로 생각된다. 따라서 2석의 백두 역시 직명일 가능성이 높다. 2석과 3석의 백두가 직명으로 동일한 것이라면, 축성 책임자의 직명을 백두라고 했을 것이다. 따라서 고구려의 연호두, 백두에서 보듯이 'O頭'와 같은 표현에서의 '頭'는 어떤 역을 수행할 때의 책임자를 일컫는 용어로 볼 수 있다.

또 다른 용례로 고구려 관등에서 '조의두대형(皂衣頭大兄)'

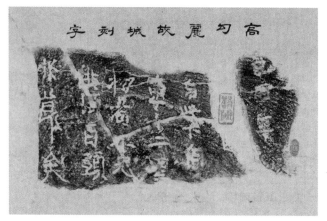

평양성 석각 2석 탁본

의 사례를 통해 볼 때도 'ㅇ頭'는 어떤 무리의 우두머리를 가리키는 표현으로 볼 수 있지 않을까 한다. 즉 『삼국지』에 '조의(皂衣)'라는 고구려 초기 관등으로 나타났다가 『한원(翰苑)』 『통전(通典)』 『신당서(新唐書)』 등에 '조의두대형'으로 그 흔적이 남아 있는 것인데, '조의+두+대형'으로 이루어진 용어라고 생각된다. '조의두(皂衣頭)'는 바로 '조의라는 관등의 우두머리'라는 의미였다가 이후 형(兄)계 관등이 분화되면서 나타난 것으로 볼 수 있을 것이다.

따라서 지안고구려비의 연호두는 수묘역 수행에서 연호들의 우두머리 또는 책임자 정도의 표현으로 여겨진다. 이처럼 연호두를 호주나 호장이 아닌 연호들의 책임자라고 이해한다면, 지안고구려비를 광개토왕비에 나오는 '묘상입비'의 실물인 수묘비로 이해하기는 어렵지 않을까 생각된다. 사실상 지안고구려비를 '묘상입비'의 수묘비로 인식하게끔 한 결정적인 문구는 '烟戸頭廿人名(연호두입인명)'이라는 표현이고 이것을 '호주 20인의 이름'으로 해석했기 때문이다.

한편 연호두를 개별 연호의 호주로 해석하여 비의 성격을 '묘상입비'의 실물인 수묘비로 이해한다고 하더라도 거의 동시기에 제작된 광개토왕비와 비교할 때 또는 당시 역사적 정황이나 사회상으로 볼 때 쉽게 납득할 수 없는 몇 가지 문제가 있다.

첫째, 지안고구려비에는 피장자에 대한 서술을 담고 있는 구절을 확인하기 어렵다. 지안고구려비에는 몇 명의 왕호(王號)가 표현되었을 가능성이 있다. 비가 2면비라면 현재 판독되고 있는 면이 앞면이라고 할 것이다. 수묘비를 세웠다고 가정할 경우 앞면에 피장자에 대한 내용을 우선 담고 있지 않다는 것은 상식적으로 이해하기 어렵다. 앞면에 피장자에 대한 구체적인 언급 없이 수묘제와 관련한 여러 명에 걸친 왕호를 기록하고서 마지막에 수묘제 정비에 관한 광개토왕의 교령을 담고 있는 셈이다. 뒷면에 구체적으로 피장자를 밝혀놓았을 수 있으나 그럴 가능성은 낮아 보인다.

둘째, 고구려 수묘인은 대체로 정복 지역에서 데려온 사람들이었음에도 그들의 호주명을 각 왕릉마다 비에 기록하는 것이 가능한 일일지 의문이다. 정복 지역에서 수묘인을 데리고 와서 각 개별 연호의 호주명을 비에 적어 후세에 보이고자 했다는 정황은 고대사회에서는 불가능한 일로 보인다. 일반적으로 정복 지역에서 차출한 사람들의 사회경제적 지위는 비교적 낮았는데 각 왕릉마다 20명의 호주를 기록하여 이를 후세에 보이고자 했다는 것이 4세기 후반경에 가능할 수 있었을까? 삼국시대에 일반 민(民)의 성(姓)은 물론이거니와 이름이 각각 명확하게 한자로 표현할 만큼 분명했는지도 의문이다. 특히 광개토왕비에 보듯이 '묘상입비'는 수묘인연호의 차착을 방지하기 위한 것인데 연호의 호주명을 기록한 것만으로는 '묘상입비'의 목적이 달성되지 않는다. 기록된 호주가 죽으면 묘상입비의 효과는 자연스럽게 사라지기 때문이다. 또한 일반 민의 이름을 일일이 기록하기보다 책임자급만 기록하는 것이 당시 고대사회 금석문에서는 일반적이다. 고구려의 평양성 석각, 신라의 남산신성비(南山新城碑)나 명활산성비(明活山城碑) 등에서 보듯이 공사 책임자만 기록하는 것이 보통이다.

셋째, 묘상입비의 실물인 수묘비로 이해할 경우 고대사회에서 비를 세우는 과정과 공역은 대단히 어려운 일이었을 텐데 지안고구려비와 같은 형태의 비를 여러 개 세웠다는 것은 정황상 어색하게 여겨진다. 특히 각 왕릉마다 지안고구려비와 같은 수묘비를 세웠다고 가정할 경우 앞면의 내용을 모두 동일하게 작성하고 뒷면에 각 왕릉 수묘인연호의 호주를 기록하게 했다고 이해할 수 있는데 이렇게 무모하게 수묘비를 세웠다고 보기는 어렵지 않을까 싶다. 아마 묘상입비의 실물에는 수묘인연호의 차착을 방지하기 위해 피장자에 관한 내용이나 수묘인연호에 대한 기록만 간단하게 표시했을 가능성이 높다. 입비 목적은 보통 사람들에게 보이기 위함인데 왕릉이 밀집한 지역에 각 왕릉마다 입비하면서 장황하게 자세한 사정을 모두 담을 필요는 없었으며 실제로 그렇게 비를 세웠을 가능성은 낮다고 생각된다. 대체로 묘상입비는 최소한 3곳의 왕릉, 많을 경우 10여 개의 왕릉에 입비했을 것이다. 지안분지와 같은 좁은 지역에 비마다 자세한 내용을 적어 각 왕릉 주변에다 세우는 공사를 벌였다고 보기는 어렵지 않을까 한다.

넷째, 광개토왕비와 비교하여 묘상입비를 한 원인이나 배경이 지안고구려비에서는 뚜렷하게 찾아지지 않는다. 비가 묘상입비의 실물인 수묘비라면 묘상입비의 목적을 분명하게 밝힐 필요가 있다. 지안고구려비의 4행에 이러한 내용을 담았을 개연성이 있지만 현재로서는 확인하기 어렵다. 반면 광개토왕비에는 묘상입비 이유를 다음과 같이 분명하게 밝히고 있다.

自上祖先王以來 墓上不安石碑 致使守墓人烟戶差錯 唯國罡上廣開
土境好太王盡爲祖先王墓上立碑 銘其烟戶 不令差錯(자상조선왕이래
묘상불안석비 치사수묘인연호차착 유국강상광개토경호태왕진위조선왕
묘상입비 명기연호 불령차착)

광개토왕비 내용에서는 수묘인연호가 차착하게 되어 묘
상입비한 것으로 이해할 수 있는데, 지안고구려비에는 이러
한 이유가 분명하게 적혀 있지 않다. 수묘비라면 다른 어떤
내용보다 묘상입비의 구체적인 목적에 대한 기술이 우선이
었을 것이므로 이러한 내용이 확인되지 않는다는 것도 묘상
입비의 실물인 수묘비로 이해하기 어려운 점이다.

이처럼 몇 가지 역사적 정황이나 한국 고대사회상의 측면
에서 살펴보면 묘상입비의 실물인 수묘비로 이해할 경우 이
러한 부분들에 대한 설명이 어렵다. 그렇다면 이 비의 성격
을 좀 달리 볼 수 있는 측면이 있지 않을까 한다. 지안고구려
비의 7행 9열부터 마지막까지는 묘상입비 등 수묘제 정비와
수묘인 매매 금지와 관련한 광개토왕의 교령이라고 할 것이
다. 이는 대체로 광개토왕비에 나오는 광개토왕의 교령 내용
과 거의 유사하기 때문이다. 따라서 지안고구려비는 수묘제

정비 및 수묘인 매매 금지와 관련한 광개토왕의 교령을 담은 교령비로 이해할 수 있지 않을까 한다.

한편으로는 비의 성격을 수묘인 매매 금지와 같은 법률을 정하고 있는 정율비(定律碑)라고도 할 수 있겠다. 하지만 이미 지안고구려비에 그 이전 시기에 수묘제와 관련하여 율을 정했다는 내용이 나오고, 율의 조문이 구체적으로 보이지 않으며, 수묘제와 관련한 문제점이 노출된 상황에서 광개토왕이 매매 금지령뿐 아니라 묘상입비를 시행하여 여러 문제를 해결하려는 의지를 보이고 있다. 이런 점에서 정율비라기보다는 수묘제 정비와 매매 금지에 대한 교령비로 판단하는 것이 더 합리적이다. 즉 비의 앞면에는 수묘제 정비 및 매매 금지와 관련된 교령을 내린 경위와 교령 내용을 담고 뒷면에는 바로 수묘인연호의 책임자인 연호두 20명을 기록했으리라 생각된다. 이렇게 이해할 경우 제기한 몇 가지 의문점도 자연스럽게 풀릴 수 있다.

그렇다면 연호두의 실체는 무엇일까? 이는 광개토왕비와 비교·검토하여 생각해볼 수 있다. 광개토왕비에는 수묘인연호로 국연과 간연이 기록되어 있다. 광개토왕비에서 국연과 간연의 비율이 1:10인 점을 염두에 두고 지안고구려비의 연호두를 국연과 같은 실체로 본다면 광개토왕비에 보이는 국연 20가와 연호두 20인명은 동일한 내용이 아닐까 여겨진다.

광개토왕비에서 국연 20가가 간연 200가를 통솔하여 책임지는 역할을 수행한 정황을 유추할 수 있듯이 광개토왕 대의 국연 20가를 구성한 사람들이 연호두로서 수묘역을 실제로 책임지는 역할을 수행한 존재라고 상정할 수 있다.

기존 연구에서는 대체로 국연과 간연이 1:10의 비율로 각 왕릉에 배치되었으리라 추측했다. 하지만 지안고구려비를 통해 볼 때는 국연이 각 왕릉에 고정 배치된 것이 아니라 왕릉 전체 관리를 맡은 책임자로 존재하면서 왕릉 전체 수묘역을 책임지고 간연을 통제했을 개연성을 상정할 수 있다. 따라서 지안고구려비의 뒷면에는 전체 왕릉 수묘를 책임지는 역할을 하는 연호두 20인 즉 국연 20가로 구성된 수묘역 책임자의 이름이 적혀 있을 가능성이 높다. 이처럼 수묘역을 실제로 지는 수묘인연호의 호주가 기록되는 정황보다는 전체 왕릉을 수묘하는 책임자의 명단이 교령비에 기록되는 정황이 훨씬 더 이치에 맞지 않을까 한다. 특히 국가가 역을 부과할 경우 책임자급만 장악하여 통제하면 역은 자연스럽게 수행되기 마련이다. 국가가 직접 수묘역을 지는 연호를 모두 통제하기보다는 수묘역을 지는 연호 가운데서 책임자급에게 수묘역 수행을 책임지도록 강제하면 되기 때문이다. 바로 국연이 그러한 존재였고 지안고구려비에 보이는 연호두는 그런 국연과 같은 역할을 하는 존재라고 이해할 수 있을 것이다. 좀 더 추론한다면 연호두가 수묘인연호의 관리와 수묘역 수행에서 세습되는 직역 또는 직명이었을 가능성도 상정해볼 수 있다.

현재 지안고구려비의 성격을 두고 논란이 많은 실정이다. 수묘비로서 묘상입비 중 하나라는 견해, 이와는 달리 수묘와 관련한 율령이나 왕의 교령과 관련된다는 의견(율령비律令碑, 교령비教令碑, 정률비定律碑, 칙령비勅令碑, 수묘발령비守墓發令碑, 수묘율령비守墓律令碑, 수묘정률비守墓定律碑), 불법 행위를 막기 위한 것이라는 주장(고계비告誡碑, 경고비警告碑, 경계비警戒碑, 포고비布告碑) 등 다양한 해석이 개진되었다. 이런 상황을 놓고 보면, 광개토왕비가 적어도 '묘상입비'와 '지안고구려비' 내용을 모두 포함해서 3부로 작성되었을 가능성이 높아졌다고 할 것이다. 다만 지안고구려비는 여러 정황으로 보아 적어도 '묘상입비'의 실물은 아니라고 판단된다.

그렇다 하더라도 정율비, 율령비라고 설명하기는 다소 어려울 듯하다. 일단 형법(刑法)으로서 율의 구체적 조항이 보이지 않는다는 점에서 정율비라고 하기는 어렵다. 또한 지안고구려비에 보이는 매매 금지에 관한 사항은 왕의 '왈(曰: 말씀)'로 표현되고 있듯이 지안고구려비가 건립되는 시점까지는 율령이라는 성문법 범주에 포함되지 않은 상황이었다. 고구려에서 수묘법을 제정하면서 수묘인 매매 문제가 나타나리라 예측한 것은 아닐 것이다. 수묘인 매매 현상이 나타나고 그것이 심각한 문제로 대두되자 교령(敎令)으로 매매를 금지한 것을 우선 비에 새겨 선포했다고 할 것이다. 따라서 매매 금지 문제는 당시 율령에 포함되지 않은 내용으로, 이 현상이 심각해짐에 따라 교령으로 먼저 선포되고 그 이후 성문화된 것으로 여겨지므로 율령비라고 상정하기는 어렵다. 당시 율령에서 처리할 수 없는 문제는 교령의 형태로 먼저 선포되고, 이것이 이후 성문법 형태로 율령에 반영되었다고 볼 수 있을 것이다. 지안고구려비보다 광개토왕비의 매매 금지령이 조금 더 구체적이라는 지적처럼, 광개토왕비의 매매 금지령이 지안고구려비의 매매 금지령보다 늦은 시기의 율령을 포함하고 있기 때문에 두 비의 매매 금지령이 약간의 차이를 보이는 것으로 생각된다.

지안고구려비와 관련한 핵심 논의 가운데 하나는 광개토왕 대에 건립된 비인가 아니면 후대인 장수왕 대에 건립된 비인가 하는 것이다. 현재 국내 학계의 견해는 광개토왕 대에 건립된 것으로 보는 쪽이 우세하다. 물론 지안고구려비가 광개토왕비보다 후대에 제작된 것으로 보는 의견도 존재한다. 그러나 거의 동일한 내용이 광개토왕비에 먼저 작성되고 이후 지안고구려비에도 작성되었다는 정황은 어색하다. 광개토왕비라는 거대한 비석에서 강조한 내용이 또다시 지안고구려비 같은 작은 비석에서 강조되었다고 보기에는 다소 무리가 있다. 다시 말해 광개토왕이 강조한 매매 금지가 잘 지켜지지 않아 장수왕 때 재차 강조되었다고 이해하는 것은 처벌 규정이 시행되던 사회에 어울리지 않는 상황이다.

또한 태왕(太王) 호칭을 제정하여 보편화했던 고구려 정권 아래에서 내린 교령이 두 번에 걸쳐 강조되었다면, 당시 고구려 왕권의 위상이 크게 흔들리고 있었다는 말이 된다. 고구려에서 최고의 왕권을 누렸다 할 수 있는 시기가 광개토왕 대와 장수왕 대다. 그런 시기에 두 번에 걸쳐 동일한 교령이 반포되고 그것이 두 개의 비석에 재차 표현되었다고 보기는 어렵다. 오히려 그보다는 광개토왕의 업적에 관해 정리하면서 기존의 비석 등에 새겨져 있던 내용을 광개토왕비 건립 시 재차 표현한 것으로 보는 것이 합리적이라고 생각한다. 당시 고구려에서는 광개토왕 대에 묘상입비가 먼저 건립되고, 연이어 지안고구려비가 세워졌으며, 그 후 장수왕 대에 광개토왕의 업적을 총정리하면서 두 비의 내용을 자연스럽게 광개토왕비에 포함시켰다고 이해할 수 있다.

4세기 후반에서 5세기 초반에 이르는 광개토왕 대의 수묘제 정비와 관련한 내용을 비교해보면 두 비의 관계는 한층 선명해진다. 〈표 11〉을 보면 다음과 같다.

〈표 11〉 지안고구려비와 광개토왕비의 수묘제 정비 내용 비교

분류	내용	지안고구려비	광개토왕비
A	묘상입비	□□□□□□□□□□國岡上 太王□□□□王神亡 □興東 西 □□□□世室 追述先聖功 勳 彌高然烈 継古人之慷慨 (5~6행) □□□□□□□ 自戊□定 律 敎內發令 修復 各於□□ □上立碑 銘其烟戶頭廿人名 垂示後世 (7~8행)	自上祖先王以來 墓上不安石 碑 致使守墓人烟戶差錯 唯國 罡上廣開土境好太王 盡爲祖 先王 墓上立碑 銘其烟戶 不 令差錯 (4면)
B	수묘인 전매 상황과 매매 금지령	□□□□各□烟戶 以□河流 四時祭祀 然而世悠長 烟□□□□ 烟戶 □□□富足□轉賣 □守墓 者以銘□□ (3~4행) 自今以後 守墓之民 不得擅 買 更相擅賣 雖富足之者 亦 不得其買賣 □□違令者 後世 繼嗣□□ 看其碑文 與其罪過 (8~10행)	又制 守墓人 自今以後 不得 更相轉賣 雖有富足之者 亦不 得擅買 其有違令 賣者刑之 買人制令守墓之 (4면)
C	수묘인연호 재편제	내용 없음	吾慮 舊民轉當羸劣 若吾萬年 之後 安守墓者 但取吾躬巡所 略來韓穢 今備洒掃 言敎如此 是以如敎令 取韓穢二百卄家 慮其不知法則 復取舊民 一百十家 合新舊守墓戶 國烟 卅 看烟三百 都合三百卅家 (4 면)

 A는 대체로 고구려의 수묘제 운영 내용과 함께 문제가 발생하여 그 해결책으로 '묘상입비'라는 조치가 행해진 것으로

볼 수 있는 내용이다. 표현과 내용에서 일부 차이는 나지만, 두 비 모두 묘상입비를 시행했다는 내용은 동일하다. 지안고 구려비가 광개토왕비보다 앞선 시기에 건립되었다고 할 경우 광개토왕비의 A는 묘상입비라는 광개토왕의 업적에 기반을 두고 작성된 것이라 할 수 있다. 다시 말해 묘상입비 조치 시행에 해당하는 것이고 그 조치의 실물이 각 왕릉에 세워졌던 비석이다. 현재 그 비석이 하나도 발견되지 않았지만 대체로 묘상입비의 실물에는 특정 왕에 대한 서술과 함께 수묘인연호 편성에 대해 기록했을 것으로 짐작할 수 있다. 필자는 대체로 피장자인 왕과 왕의 행적, 그리고 수묘인연호 편제와 연호두에 대해 언급했으리라 짐작한다. 수묘인연호는 편제만 기록하고 그 수묘인연호를 관리하는 연호두를 기록했을 것이다. 즉 각 왕릉마다 입비하면서 해당 왕릉 피장자를 서술한 후 그곳을 수묘하는 연호 편성을 기록했던 것이다.

B는 두 비 모두 공통으로 수묘인 매매 금지 내용을 담고 있다. 따라서 광개토왕비에서 又制(우제)로 표현된 매매 금지령은 바로 지안고구려비에 표현되고 있는 광개토왕의 교령이라 할 것이다. 그러므로 광태토왕비의 B 내용은 지안고구려비에 기반을 두고 작성된 것이라 할 수 있다. 처벌에 관한 조항이 지안고구려비에서는 '□違令者 後世繼嗣□□ 看

其碑文 与其罪過(□위령자 후세계사□□ 간기비문 여기죄과)'로
서술된 반면 광개토왕비에는 '有違令 賣者刑之 買人制令
守墓之(유위령 매자형지 매인제령수묘지)'로 서술되어 있다. 수
묘인 매매 금지에 관한 두 문장이 다소 차이는 있지만 전혀
다른 상황에서 다른 의미로 사용된 것으로 보기는 어렵다고
판단된다.

　C의 경우 광개토왕비에는 광개토왕의 교언에 따라 수묘
인연호가 개편되고 장수왕에 의해 구민 110가가 재편제되는
내용을 담고 있다. 지안고구려비에 이러한 내용이 없는 것은
지안고구려비가 광개토왕비보다 이른 시기에 건립되었기
때문일 것이다. 즉 5세기 수묘제 개편의 중요 내용이 지안고
구려비에는 보이지 않는 것이다. 한편으로는 장수왕이 광개
토왕비를 건립하면서 부왕의 교언을 따르면서도 수묘제를
추가 보완하는 모습을 의도적으로 삽입한 것이라 할 수 있
다. 따라서 3부에 나오는 구민과 신래한예를 합친 새로운 수
묘인연호 구성은 장수왕 대에 완성된 것이므로, 왕릉 수묘제
정비의 완결을 보여준다.

　이렇게 놓고 보면 묘상입비, 지안고구려비, 광개토왕비
의 관계는 더욱 분명해진다. 광개토왕비는 바로 수묘인연호
의 차착을 방지하는 차원에서 건립한 묘상입비와 수묘인 매
매 금지를 교령의 형태로 선포한 지안고구려비를 토대로 작

성된 것임을 알 수 있다. 묘상입비, 지안고구려비 모두 수묘제를 정비한 광개토왕의 업적에 해당한다. 시기로 보면 '묘상입비-지안고구려비-광개토왕비' 순서로 건립된 것으로 여겨진다. 이미 지안고구려비와 광개토왕비에 '묘상입비'라는 구절이 등장하고, 지안고구려비의 수묘인 매매 금지령이 광개토왕비에서 똑같이 확인되기 때문이다. 따라서 광개토왕비의 수묘제 개편과 관련한 내용인 3부는 광개토왕의 수묘제 정비에 관한 업적인 묘상입비와 지안고구려비가 토대가 되었다. 그리고 거기에 부왕의 교언을 계승하면서도 이를 발전시킨 장수왕의 업적까지 포함한 내용으로 구성되었다고 판단할 수 있다. 광개토왕비는 2부의 연대기적 기술을 통한 정복 전쟁이라는 광개토왕의 훈적, 3부의 묘상입비와 지안고구려비에 나오는 광개토왕의 수묘제 정비 업적과 장수왕의 최종 마무리까지 포함한 전혀 다른 텍스트로 구성되었던 것이다. 따라서 적어도 광태토왕비는 텍스트 구성에서 서로 이질적인 내용이 합쳐졌기 때문에 각 텍스트의 성격 역시 다소 차이가 난다고 볼 수 있다.

앞서 이야기했듯이 현재 지안고구려비의 성격을 두고 수묘비로서 묘상입비 중 하나라는 견해, 이와는 달리 수묘와 관련한 율령이나 왕의 교령과 관련된다는 견해, 불법 행위를 막기 위한 것이라는 견해 등 다양한 주장이 개진되고 있다.

물론 지안고구려비가 묘상입비 중의 하나일 가능성도 있다. 그러나 묘상입비 가운데 하나인 수묘비로 이해하는 설을 제외하면 지안고구려비는 대체로 묘상입비가 아닌 법제적인 성격을 가진 비라는 쪽으로 의견이 모아진다.

지안고구려비를 통해 고구려 수묘제에 대한 이해가 심화될 수 있는 계기가 마련되었다. 지안고구려비가 묘상입비의 하나로 그 실물인지 아니면 수묘에 관한 법과 연계한 다른 형태의 비인지에 따라 고구려 수묘제에 대한 이해가 달라질 수 있다. 기본적으로 지안고구려비는 광개토왕비와의 관련성 속에서 설명하는 것이 가장 자연스럽다. 두 텍스트를 비교해보면 지안고구려비의 성격을 더욱 선명하게 살펴볼 수 있기 때문이다. 지안고구려비가 광개토왕 대에 건립되었다고 본다면 광개토왕비보다 앞서는 현존하는 가장 오래된 고구려비라 할 것이다. 향후 광개토왕비에 기록된 묘상입비의 실물을 찾는 노력이 필요한데 묘상입비의 실물을 찾는다면 위에서 언급한 비의 성격 논쟁도 결론이 날 것이다. 지안 지역을 답사할 때마다 비석 형태의 돌에 대한 관심을 갖고 자세하게 살펴보곤 하는데 언젠가 발견될 수 있는 또 다른 고구려 석비를 기대해본다. 이를 통해 고구려 비문의 비밀을 푸는 또 하나의 단서를 얻기를 소망한다.

제3장

충주고구려비의 비밀

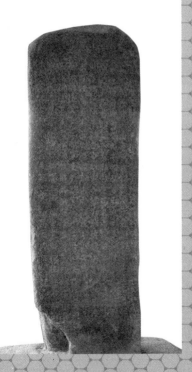

비의 발견

　한반도에 남아 있는 유일한 고구려 석비인 충주고구려비는 과거 중원고구려비라는 이름으로 더 많이 알려져 있었다. 충주고구려비는 1979년 4월 충청북도 중원군 가금면 용전리 입석마을에서 발견되었다. 비가 발견될 당시에는 발견된 지역이 행정구역상으로 중원군이었지만 현재는 충주시로 변경되었다. 이에 따라 발견 시점부터 중원고구려비로 불려오던 중 근래에 들어와 문화재청에서 충주고구려비로 공식 명명하고 있다.

　삼국시대 충주는 고구려가 점령한 뒤 국원성(國原城)이라는 명칭으로 불렸는데, 당시 국원성은 고구려가 신라와 가야 지역으로 진출할 수 있는 전략적 요충지로서 죽령, 계립령, 추풍령 방면을 통해 신라를 공격할 수 있는 요지라 할 수 있다. 『삼국사기』「지리지」에는 이 지역이 고구려 군현명으로 등장하기도 한다. 중원 지역은 신라가 삼국을 통일한 이후 확대된 영토와 늘어난 인구를 효율적으로 통치하기 위해 전국을 9주5소경(九州五小京)으로 개편하면서 757년(경덕왕 16) 충주에 '중원소경(中原小京)'을 설치한 데서 기인한다. 중원소경은 이전 시기인 557년(진흥왕 18)에 설치했던 국원소경(國原小京)을 개칭한 것이다. 676년(문무왕 18)에 북원소경(北原小京), 685년(신문왕 5)에 서원소경(西原小京)과 남원소경(南原小京)이 설치되고 있는 사실로 미루어볼 때, 중원이란 명칭도 대체로 757년 이전에 사용되었을 가능성이 높다.

남한강이 흐르는 충주의 입석마을 어귀에는 오래전부터 4면의 돌기둥 하나가 서 있었다. 마을 사람들은 그 돌을 대장간 집 기둥으로 쓰기도 하고 돌에다 백설기를 바치며 아들 낳기를 빌기도 하는 등 마을 수호석이라고만 여기고 있었다고 한다. 마을에 서 있는 이 돌로 인해 오래전부터 입석마을로 불려왔는데 대체로 선돌과 같은 기능을 한 것으로 여겨진다. 1972년에 이 지역에 큰 홍수가 났을 때 쓰러져 있던 것을 일으켜 마을 입구에 세워놓은 상태였는데 충주 지역 문화재 관련 동호인 모임인 예성동호회(藝城同好會)

가 1979년 2월 25일 비문이 있음을 가장 먼저 확인했다. 이어 단국대학교 대학원생이었던 장준식이 당시 정영호 교수에게 알려 학계가 본격 조사를 실시하게 되었다.

단국대학교에서는 4월 5일 황수영 교수와 정영호 교수가 입석마을을 방문하기로 되어 있었다. 그런데 황수영 교수는 가까운 봉황리 마애불로 가고 입석마을의 비석 조사는 정영호 교수가 맡게 되었다. 그는 '大王(대왕)' '國土(국토)' 등의 글자를 확인하고 전면과 좌측면을 탁본했다. 이를 토대로 전면 10행, 측면 7행에 각 20여 자씩 모두 400여 자의 글씨가 있음을 확인할 수 있었다고 한다. 이 중 '신라토내(新羅土內)' '使者(사자)' '上下(상하)' 등의 글자를 확인하고 신라 비석일 것으로 추정했다. 이후 충주고구려비에 대한 본격 조사는 1979년 4월 5일 발견 이후 6월 1일까지 7차에 걸쳐 이루어졌다. 그 첫 번째 조사가 1979년 4월 7~8일에 걸쳐 이루어졌다. 당시 조사에는 단국대학교 사학과와 국문과, 그리고 세종대 정장호 교수, 건국대 김광수 교수, 동국대 장충식 교수 등 교수진 11명과 학생 16명 등 총 27명으로 구성된 조사단이 참여했다.

비를 본격적으로 조사하기 전에는 신라비일 것으로 추정했는데 곧 사실이 아닌 것으로 드러났다. 판독이 명확하게 이루어지면서 '高麗太王(고려태왕)' '前部大使者(전부대사자)'

등의 문구가 확인됨으로써 비로소 고구려비임이 확인되었다. 당시 남한에서 처음으로 고구려비가 확인되었다는 점에서 학계의 많은 관심을 받았는데 지금까지도 남한에서 발견된 유일한 고구려비로 남아 있다. 근래 들어 한강 이남 지역에서 고구려가 사용한 것으로 보이는 산성과 고분 등이 확인되고 있는데 이러한 자료들과 함께 충주고구려비는 남한 지역에서 고구려의 흔적을 보여주는 중요한 자료인 셈이다.

비의 형태와 위치

비는 화강암으로 된 자연석을 다듬어 만들었다. 전면과 후면, 좌측면과 우측면의 높이와 너비 등이 같지 않은 자연석 석주형(石柱形: 돌기둥 모양)으로 전체 모습은 크기만 다를 뿐 광개토대왕비와 유사하다. 높이는 전면 203센티미터, 후면 188센티미터, 좌측면 197센티미터, 우측면 178센티미터고, 너비는 전면 55센티미터, 좌측면 37센티미터, 후면 52센티미터, 우측면 32센티미터며, 자경(字徑: 글자 크기)은 3~5센티미터다. 과거에는 발견 지점 근처의 보호각에서 보존되다가 근래 충청북도 충주시 중앙탑면 감노로 2319번지에 충주고구려비전시관이 만들어지면서 전시관 내에 전시되어 있다.

과거 비각에 안치되었던 충주고구려비 모습

비는 4면에 모두 글을 쓸 수 있는 형태로 되어 있으나 현재까지는 최소한 3면에 비문이 있었던 것으로 보인다. 따라서 비가 3면비인가 4면비인가는 명확하지 않다. 그리고 1면이 어디인가도 명확하게 해결되지 않고 있다. 비가 과연 3면비인지 4면비인지, 그리고 시작되는 면은 어디인지에 대한 의견 차이는 1979년 발견 당시부터 현재까지 꾸준히 이어지고 있다. 비석의 전면과 좌·우측면 3면에서 글자가 확인된다는 것은 대부분 인정했지만 과연 후면에도 글씨가 있느냐 하는 점에서는 견해 차이가 난다. 더욱이 1면이 어디인가에 대한 논쟁은 아직까지 정리되지 못하고 있다.

단국대학교 학술조사단을 비롯해서 대부분의 학자들이 4면비로서 추정했다. 이병도는 비의 자체(字體)와 비신 형태로 보아 광개토대왕비의 축소판이므로 4면비로 보는 깃이 옳다고 전제하고 비액(碑額: 비신의 상단부나 이수에 비의 명칭을 새긴 부분으로 제액題額이라고도 함) 상에 '高麗建興四年(고려건흥사년)'의 횡서(橫書: 가로로 쓴 글씨)가 분명히 판독되기에 전면을 1면으로 보는 것이 좋다고 했다. 하지만 이것은 꿈에서 영감을 얻었다고 하는 상상의 자획이다. 이기백 역시 광개토대왕비가 4면비라는 사실을 전제하고, 현재 후면에서 판독할 수 있는 글자는 없으나 사실상 문자의 흔적을 찾을 수 있다면서 4면비로 파악했다. 또한 1면이 어디인가에 대해서는 글자가 제일 많이 확인되는 전면의 우측면을 1면으로 하는 경우와 후면을 1면으로 하여 전면이 3면이 되는 경우를 제시하고, 그중 후면이 1면이 될 가능성이 더욱 크다고 보았다.

한편 3면비로 보는 견해도 제시되었는데, 변태섭은 전면과 좌우면의 보존이 양호한 점으로 미루어 현재의 비석이 대체적인 원형(原形)이라 판단하고, 후면에는 원래부터 글자가 없었을 것으로 추정했다. 또한 신형식은 좌측면이 '下部 大兄□□(하부대형□□)'으로 문장이 끝나는 사실을 토대로 우측면을 1면으로 하는 3면비며, 후면은 본 비문의 추기적(追記的)인 부분일 것이라고 추정했다.

이 같은 상황에서 2000년에 이루어진 고구려연구회의 조사 결과는 발표 당시의 전면에서 제액으로 보이는 글자 가운데 '年(년)'이란 글자를 판독할 수 있다고 하여 전면을 1면으로 볼 가능성을 열었다. 그러나 대부분의 연구자들이 고구려연구회의 판독에 대해 회의적인 태도를 드러내며 후면을 1면으로 보는 것이 옳다고 주장하고 있어 논쟁은 계속되고 있는 실정이다.

충주고구려비의 서체(書體)는 주로 예서체(隸書體) 또는 예의(隸意: 예서체의 기풍)를 간직한 해서체(楷書體)라고도 본다. 예서체로 생각하기 쉬우나 운필(運筆: 붓 놀림)과 결구(結構: 짜임새)로 볼 때 해법(楷法: 해서체의 필법)이 맞다는 것이다. 또한 자형(字形)에서는 '新羅(신라)' '寐錦(매금)' '奴客(노객)' '國(국)' 등 많은 글자가 광개토대왕비와 비슷하지만, '阜旁(부방)'이나 '邑旁(읍방)' 등은 광개토대왕비 서체의 원형을 간직하고 있으면서 조금은 변화되었다고 이해한다. 충주고구려비는 순수한 한문체가 아니라 이두(吏讀)의 성격이 있다는 견해도 제기되었다. '초기 이두문(初期吏讀文)'의 형식을 지닌 문장이 순한문체와 혼용되어 있다는 것이다.

비의 탁본

비가 발견된 이후인 1979년 4월 5일에 단국대학교 정영호 교수가 탁본을 제작했다. 이때 전면과 좌측면을 탁본하여 이를 토대로 모두 400여 자의 글씨가 있음을 확인했다.

충주고구려비 탁본 현황

	명칭	소장처	현존 형태	제작 시점	비고
1	단국대학교 박물관 소장본	단국대학교 석주선기념 박물관	전2폭	1979년	정영호 초탁본
2	고구려연구회 소장본	개인 소장		1979년	정영호 초탁본
3	고려대학교 박물관 소장본	고려대학교 박물관	초탁본으로 추정됨		김정배 기증
4	고구려연구회 소장본	개인 소장	전4폭	2000년	서길수 탁본

단국대학교박물관 소장 충주고구려비 초탁본

충주고구려비의 탁본은 1979년 조사자인 정영호 등이 제작한 탁본이 가장 잘 알려져 있다. 당시 탁본을 여러 벌 제작하여 연구자들에게 나누어주었는데, 이 초탁본 가운데 하나를 현재 단국대학교박물관에서 소장하고 있다. 김정배 전 고려대학교 총장이 소장했던 탁본은 그 후 고려대학교박물관에 기증된 것으로 보인다. 대학박물관을 비롯해 다른 여러 기관에도 소장되어 있을 것으로 여겨지는데, 개인 소장자들이 일부 기관에 기증하는 형태를 통해 소장처가 변동되어 자세한 정황은 파악하기 어렵다. 조사단에 참여했던 장준식현 충청북도문화재연구원장이 가지고 있는 탁본은 한국교통대학교박물관에 기증할 예정이라고 한다. 개인 소장 탁본들은 주로 비 발견 초기에 이루어진 탁본이라는 점에서 의미가 있어 앞으로 박물관 등에 모두 기증되어 연구 자료로 활용되어야 할 듯하다.

2000년에는 고구려발해학회의 전신인 고구려연구회가 탁본을 다시 제작했고, 적외선 촬영 등을 통해 새롭게 판독이 이루어지기도 했다. 그러나 당시 탁본에 대한 검토가 정밀하지 못했고, 충분한 논의가 이루어진 상태로 진행된 것이 아니었기 때문에 많은 동의를 얻어내는 데는 한계가 있었다.

비문의 판독과 해석

    충주고구려비는 전면을 제외하고는 대부분 판독이 매우 어려운 상태다. 비의 마모가 몹시 심하기 때문인데, 일단 세 면에는 분명하게 글씨가 새겨져 있으나 나머지 한 면에는 글씨가 명확하지 않다. 비문 판독은 비의 발견 이후 지속적으로 이루어졌으나 현재 합의된 판독안은 제시되어 있지 않은 실정이다. 지금까지 나온 여러 판독안을 토대로 하여 원문과 해석문을 정리하면 다음과 같다.

원문

좌측면

1	7	6	5	4	3	2	1	좌측면
1	伐	□	□	□	□	□		좌측면
2	城	□	□	□	□	□		
3	□	□	□	□	□	□		
4	□	□	□	□	□	中		
5	□	□	□	□	□	□		
6	古	□	□	□	□	□		
7	牟	方	□	□	辛	□	□	
8	婁	□	□	□	酉	□	□	
9	城	桓	□	□	年	班	城	
10	守	□	上	□	□	功	不	
11	事	沙	有	□	□	□	□	
12	下	□	□	□	□	□	□	
13	部	斯	□	□	十	□	村	
14	大	色	酉	□	□	□	舍	
15	兄	□	□	□	□	□		
16	耶	□	□	□	□	□		
17	□	古	□	□	□	□		
18	□	鄒	□	□	十	□	□	
19	□	加	東	□	大	節	□	
20	□	共	夷	□	王	人	□	
21	□	軍	寐	□	國	□	沙	
22	□	至	錦	□	土	□	沙	
23	□	于	土	□	□	□	□	
	7	6	5	4	3	2	1	

전면

	10	9	8	7	6	5	4	3	2	1	전면
1	□	□	夷	大	夷	用	尙	奴	上	五	1
2	□	□	寐	位	寐	者	□	主	下	月	2
3	奴	□	錦	諸	錦	賜	上	簿	相	中	3
4	□	境	上	位	逮	之	共	道	和	高	4
5	□	□	下	上	還	隨	看	德	守	麗	5
6	□	募	至	下	來	者	節	□	天	太	6
7	□	人	于	衣	節	節	賜	□	東	王	7
8	盖	三	伐	服	教	□	太	□	來	祖	8
9	盧	百	城	兼	賜	□	翟	安	之	王	9
10	共	新	教	受	寐	奴	鄒	□	寐	公	10
11	□	羅	來	教	錦	客	□	□	錦	□	11
12	募	土	前	跪	土	人	食	去	忌	新	12
13	人	內	部	營	內	□	□	□	太	羅	13
14	新	幢	大	之	諸	教	□	□	子	寐	14
15	羅	主	使	十	衆	諸	賜	到	共	錦	15
16	土	下	者	二	人	位	寐	至	前	世	16
17	內	部	多	月	□	賜	錦	跪	部	世	17
18	衆	拔	兮	廿	□	上	之	營	大	爲	18
19	人	位	桓	三	□	下	衣	□	使	願	19
20	拜	使	奴	日	□	衣	服	太	者	如	20
21	動	者	主	甲	王	服	建	子	多	兄	21
22	□	補	簿	寅	國	教	立	共	兮	如	22
23	□	奴	□	東	土	東	處	□	桓	弟	23
	10	9	8	7	6	5	4	3	2	1	

우측면

□公□□□衆殘□□□□□□□□□□□不□使□□壬子□伐□□□□□□□□
□□□□□□□□

『역주 한국고대금석문』(한국고대사회연구소 편, 1992)에서 제시된 해석문은 이후 2000년에 이루어진 고구려연구회의 신석문(新釋文)을 참고하여 일부 수정되었고, 현재 국립문화재연구소에서 구축한 한국금석문종합영상정보시스템의 해석문으로 게시되어 있다. 이를 통해 기존의 해석문에서 약간 수정한 해석문은 다음과 같다.

(전면)

5월 중 고려 태왕(高麗太王)의 조왕(祖王)께서 영(令) … 신라 매금(寐錦)은 세세(世世)토록 형제같이 지내기를 원하여 서로 수천(守天)하려고 동으로 왔다. 매금 기(忌), 태자(太子) 공(共), 전부(前部) 대사자(大使者) 다우환노(多亏桓奴), 주부(主簿) 귀도(貴道) 등이 …로 가서 궤영(跪營)에 이르렀다. 태자(太子) 공(共) … 상(尙) … 상공간(上共看) 명령하여 태적추(太翟鄒)를 내리고 … 매금(寐錦)의 의복(衣服)을 내리고 건립처(建立處) 용자사지(用者賜之) 수자(隨者) …. 노객인(奴客人) … 제위(諸位)에게 교(敎)를 내리고 여러 사람에게 의복을 주는 교(敎)를 내렸다. 동이(東夷) 매금(寐錦)이 늦게 돌아와 매금 토내(土內)의 제중인(諸衆人)에게 절교사(節敎賜)를 내렸다. (태자 공이) 고구려 국토 내의 대위(大位) 제위(諸位) 상하에게 의복과 수교(受敎)를 궤영에게 내렸다. 12월 23일 갑인에 동이 매금의 상하가 우벌성(于伐城)에 와서 교(敎)를 내렸다. 전부 대사자 다우환노와 주부 귀도(貴道)가 국경 근처에서 300명을 모았다. 신라토내 당주 하부(下部) 발위사자(拔位使者) 보노(補奴) …와 개로(盖盧)가 공히 신라 영토 내의 주민을 모아서 …로 움직였다.

(좌측면)

… 중(中) … 성불(城不) … 촌사(村舍) … 사(沙) … 반공(班功) … 절인(節人) … 신유년(辛酉年) … 십(十) … 태왕국토(太王國土) … 상유(上有) … 유(酉) … 동이(東夷) 매금(寐錦)의 영토 … 방(方) … 환□사□사색(桓□沙□斯色) … 고추가(古鄒加) 공(共)의 군대가 우벌성에 이르렀다. … 고모루성수사(古牟婁城守事) 하부(下部) 대형(大兄) 야□((耶□)

– 한국금석문종합영상정보시스템 해석문

비문의 내용 분석

    고구려 국호는 여러 문헌 기록과 금석문 등에서 구려, 고구려, 고려 등으로 나타난다. 충주고구려비의 첫 부분 '五月中高麗太王祖王(오월중고려태왕조왕)'에는 고구려의 국명이 고려로 기록되어 있다. 이를 두고 평양 천도를 전후한 시기에 고구려의 국호가 고려로 개정되었을 것이라는 의견이 있다. 또 다른 금석문인 연가7년명 금동여래입상 명문에도 '高麗國樂良東寺(고려국낙랑동사)'라고 하여 고려라는 국호가 기록되어 있다.

    중국 문헌의 경우 비교적 이른 시기의 사서에는 고구려라고 기록했지만, 다소 늦은 시기의 사서인 『위서(魏書)』『남제

서(南齊書)』『주서(周書)』『수서(隋書)』『당서(唐書)』 등에는 고려로 기술하고 있다. 또 『일본서기(日本書紀)』 역시 고려로 기록하고 있다. 국내 문헌인 『삼국사기』에는 고구려로 기록한 것이 대부분이지만 『삼국유사』에는 '고조선조'를 비롯한 기록에서 대부분 고려로 적고 있으며, 특히 「왕력(王歷)」편에서는 삼국의 국명을 기술하면서 고구려를 고려로 기록하고 있다. 비록 고구려가 고려로 국명을 바꾸었다는 기록은 확인할 수 없지만, 고구려 당대에 고려로 명명되고 있었음은 위의 기록들을 통해 알 수 있다. 그러나 고구려의 이칭으로 서로 상통하는 의미에서 줄여서 고려라고 했는지, 아니면 실제로 고구려라는 국호가 고려로 개정되었는지는 명확하지 않다.

충주고구려비에는 제작 시점이 분명하게 기록되어 있지 않기 때문에 비의 건립 시기에 대해 다양한 의견이 개진되었다. 특히 내용 연대와 건립 연대를 구분하면서 논의를 전개하기도 한다. 모든 금석문에 해당하는 것처럼, 충주고구려비의 건립 시점은 비가 발견된 직후부터 가장 큰 관심의 대상이었다. 그러나 건립 연대를 알려주는 분명한 기록이 비에서 확인되지 않고, 비문 내용에 단일한 사건이 아니라 여러 사건이 기록되어 있어 연대를 확정하기가 쉽지 않은 상황이다. 현재까지 충주고구려비의 내용 연대 및 건립 연대에 대해서는 5세기 초반설, 5세기 중반설, 5세기 후반설 등이 있다.

먼저 비에 제액의 존재 여부에 대해 논란이 있는 상황에서, 제액을 실제로 판독하여 판독문을 제시하기도 했다. 특히 이병도는 꿈에서 얻은 영감이라면서 비의 전면 상단에 '건흥 4년(建興四年)'이란 제액이 있다고 추정했다. 또한 전면 마지막 행에 보이는 '개로(盖盧)'는 백제 개로왕(재위 455~475)을 가리키므로 475년(을묘년乙卯年: 장수왕 63, 개로왕 21)이 입비 연대라고 보았다. 또 다른 의견으로는 '□熙七年歲辛□□(□희칠년세신□□)'으로 제액을 판독하여 481년(장수왕 69)이 입비 연대라 보았다. 그러나 이러한 견해들은 제액 판독이 가능한지 여부와 더불어, 제시한 '□熙(□희)'라는 연호가 과연 장수왕이 475년에 백제 수도 한성을 함락한 이후에 새로 만든 연호인지 확인할 수 없다는 문제점이 있다. 고구려연구회의 판독에서도 제액의 존재를 인정했지만, 제액의 존재 자체에 대해 이견이 있고, 실제로도 판독이 거의 불가능한 부분이다.

따라서 비의 건립 연대와 관련해서는 비문에서 확인할 수 있는 부분으로 추정하는 것이 옳다. 이러한 관점에서 비문에 실린 간지를 '신유년(辛酉年)'으로 판독하여 이 연대를 481년(장수왕 69)으로, '十二月卅三日甲寅(십이월입삼일갑인)'을 480년(장수왕 68)으로 보아 481년 입비설이 주장되기도 했다. '신유년'을 인정하는 경우 신유년인 421년(장수왕 9), 481년,

541년(안원왕 11)이 있어 앞의 연도와 조합하면 480년을 비의 내용 연대로, 481년을 비의 건립 연대로 이해할 여지는 있다. 또한 '十二月廿三日甲寅'을 '十一月廿三日甲寅(십일월입삼일갑인)'의 오기(誤記)라고 간주하고, '십이'를 '십일'로 고쳐 봐야 한다고 파악하기도 했다. 즉 비문의 '개로'는 백제 개로왕인데, 12월 23일이 갑인일인 449년과 480년은 모두 개로왕의 재위 연간이 아니며, 그 대신 475년 11월 23일이 갑인일이므로 '十一月廿三日甲寅'이 옳고 '신유년'은 이보다 뒤에 나오므로 481년이 된다는 것이다.

한편 비문의 '신유년'이 명확하지 않아 간지의 판독을 유보하면서, '十二月廿三日甲寅'을 449년(장수왕 37)으로 추정하기도 한다. 현재는 다수 연구자들이 고구려와 신라 간 역사적 사실 등 여러 가지 문헌 기록이나 정황 근거를 통해 449년설을 지지하는 편이다. 특히 『삼국사기』 기록에 따르면 5세기 후반경 고구려와 신라 관계는 대립 관계로 바뀌었기 때문에, 신라 매금이 직접 와서 고려 태왕에게 의복을 하사받았다는 등의 내용이 새겨진 충주고구려비 연대를 5세기 후반으로 보기는 어렵다고 할 수 있다. 449년은 광개토왕비문과 마찬가지로 신라 왕이 직접 고구려 왕에게 조공을 하는 상황이었지만, 광개토왕 때 신라가 고구려의 노객(奴客)으로 인식되던 일방적인 상황에서 '여형여제(如兄如弟)'로 표현되듯이 형제 관계 형태로 완화된 시점이기도 한 것이다.

또한 450년(장수왕 38, 신라 눌지마립간 34) 7월에 고구려의 변방 장수가 실직(悉直: 현재 삼척)에서 신라의 하슬라(何瑟羅: 현재 강릉) 성주에게 살해당했을 때, 장수왕이 "내가 대왕과 더불어 우호를 닦은 것을 매우 기쁘게 여기고 있었는데(孤與 大王 修好之歡也)"라고 말한 내용이 바로 충주고구려비의 내용을 가리키는 것으로 이해하기도 한다. 비문의 내용 연대가 449년이라고 해도 비문의 전면에 '5월 중'과 좌측면에 '12월 23일 갑인일'이 나오므로 내용 전개상 같은 해인 449년일 가능성이 있어, 비는 이듬해인 450년에 건립되었다고 이해하기도 한다. 적어도 고구려와 신라의 관계를 고려해본다면 450년 7월 고구려 변장(邊將: 변방을 지키는 장수)이 신라군에 살해되는 사건과 연관성이 있고 뒤이어 454년(장수왕 42) 고구려가 신라 북쪽을 공격한 사건이 일어나기 이전에는 비가 세워졌을 것으로 보인다.

이와 관련하여 『일본서기』에 고구려 군사 100명을 주살(誅殺)한 기록을 두고 454년 이전이라고 보는 견해와 464년(장수왕 52)으로 보는 견해로 나뉘어 있다. 454년 이전 어느 시기에 신라가 자기네 왕경(王京: 수도)에 주둔해 있던 고구려 군사 100명을 주살하면서 파국으로 치달았다고 이해한다면 전혀 문제가 없다. 하지만 『일본서기』 유라쿠(雄略) 8년

조에 464년까지 고구려군이 경주에 주둔하고 있었다는 기록을 인정한다면 이에 대한 해명이 필요하다.

한편 '신유년'을 421년(장수왕 9)으로 보고, '十二月卄三日甲寅'은 '十二月卄五日甲寅(십이월입오일갑인)'으로 판독하여 403년(광개토왕 13년)으로 파악하면서 비문 내용은 421년(장수왕 9)에서 크게 벗어나지 않는 것으로 이해하는 견해도 있다. 또 다른 의견에서는 장수왕 대의 태자 책봉 기사가 없는 점을 들어 '十二月卄三日甲寅'을 403년(영락 13)으로 보면서 비문 내용이 광개토왕 대의 것이라고 해석하기도 했다.

비문의 내용 연대는 449년 또는 5세기 중엽설을 따르면서도 건립 연대는 5세기 말 문자명왕 대로 보는 견해 또한 제기되고 있다. 이것은 비문 첫 부분 판독을 '高麗太王祖王(고려태왕조왕)'으로 보고 '고려 태왕의 할아버지 왕'으로 해석하여 고려 태왕은 문자명왕, 할아버지 왕은 장수왕으로 이해하면서, 『삼국사기』의 495년(문자명왕 4) 기사 "가을 7월에 남쪽으로 순수(巡狩)하여 바다에 제사 지내고 돌아왔다"를 비의 건립과 관련짓는 것이다. 하지만 두 나라 왕이 만난 지 50년 가까이 지난 시점에서 비석을 세운다는 것은 선뜻 납득하기 어려운 점이 있다. 특히 충주고구려비가 광개토왕비처럼 하나의 기념물로서 당대인들에게 어떤 상징적인 의미를 보여주기 위한 것이라면, 고구려 왕의 처지에서는 신라 왕에게 우위를 보인 순간을 기념하여 바로 비를 세웠다고 보는 편이 더 합리적일 것이다.

비문 내용 가운데 인명이 확실하거나 인명으로 추정되는 부분은 전면과 좌측면에 나타난다. 인명을 통해서도 많은 단서를 얻어낼 여지가 있다.

(전면)

① 高麗太王 祖王 令(고려태왕 조왕 령)

② 寐錦 忌(매금 기)

③ 太子 共(태자 공)

④ 前部大使者 多亏桓奴(전부대사자 다우환노)

⑤ 主簿 貴德(주부 귀덕)

⑥ 新羅土內幢主 下部 拔位使者 補奴(신라토내 당주 하부 발위사자 보노)

⑦ 盖盧(개로)

(좌측면)

① 古鄒加 共(고추가 공)

② 古牟婁城守事 下部 大兄 耶口(고모루성수사 하부 대형 야口)

전면에 기록된 '전부대사자 다우환노' '주부 귀덕' '신라토내 당주 하부 발위사자 보노' 3명과 좌측면에 기록된 '고추가 공' '고모루성수사 하부 대형 야□' 2명에 대해서는 거의 이견이 없다. 그러나 이들이 어떤 사람인지는 다른 문헌 기록 등에는 보이지 않고 충주고구려비에만 나오기 때문에 알기 어렵다. 다만 이들이 고구려의 인물이었던 것은 분명한 듯하다.

'高麗太王 祖王 令(고려태 왕조왕 령)' 중 '祖王 令(조왕 령)'에 대해서는 '相王 令(상왕 령)' 내지는 '相王 公(상왕 공)' 등으로 판독하기도 했으나 최근에는 대체로 '조왕 령'으로 보는 쪽이 우세하다. 일반적으로 '고려 태왕인 조왕' 또는 '고려 태왕의 조왕'이라고 해석한다. 그런데 이 부분을 '할아버지 왕'이란 의미로 해석하기 어려우며, 고구려 태왕 아래에 있는 한 신료 내지는 하위 왕으로 해석해야 한다고 보아 '令(령)'을 인명으로 파악하는 견해도 있다.

'寐錦 忌(매금기)'에 대해서는 일반적으로 '매금(마립간寐立干)은 두려워하여'로 해석하는 경우와, 문장 구조상 '忌(기)'를 명사로서 인명이라고 해석해 신라 매금의 이름으로 이해하는 경우가 있는데 문장 구조상 인명으로 보는 편이 합리적이다. 만약 그렇다면 신라 '매금 기'는 눌지마립간에 해당할 가능성이 높다. 눌지마립간은 나물마립간(내물마립간)

의 아들인데, 『삼국사기』「신라본기」 눌지마립간 원년조, 즉 417년 기사에는 다음과 같은 내용이 전한다.

37년(392)에 실성을 고구려에 볼모로 보냈는데, 실성이 돌아와 임금이 되어 내물왕이 자기를 외국에 볼모로 보낸 것을 원망하여 내물왕의 아들을 해쳐 원한을 갚으려고 했다. 사람을 보내 고구려에 있을 때 알고 지내던 사람을 불러와 몰래 이르기를 "눌지를 보거든 죽여라"라고 했다. 이어서 눌지에게 떠나도록 하여 도중에 만나게 했다. 고구려 사람이 눌지의 외모가 시원스럽고 정신이 고아하여 군자의 풍모가 있음을 보고는 도리어 그에게 고하여 말했다. "그대 나라의 임금이 나에게 그대를 죽이도록 했으나, 지금 그대를 보니 차마 해칠 수가 없다." 그리고 바로 되돌아갔다. 눌지가 그것을 원망하여 오히려 임금을 죽이고 스스로 왕위에 오른 것이다.

위의 기록으로 볼 때 눌지마립간은 고구려에 볼모로 있다가 후에 왕이 된 실성을 죽이고 왕위에 오른 사람이다. 실성도 친고구려계라고 할 수 있겠지만, 눌지마립간 역시 고구려의 후원으로 왕이 되었을 개연성이 높다. 눌지가 즉위하자마자 박세상(朴堤上)을 시켜 동생 복호(卜好: 또는 보해寶海)를 고구려로부터 귀환시키고, 433년(눌지마립간 17)에는 백제와 동맹을 맺는 등 일련의 반고구려 정책을 취하자, 고구려 왕이 신라 왕을 충주까지 내려와 소환한 것으로 볼 수 있다.

'太子 共(태자 공)'에 대해서는 '共(공)'을 인명으로 보는 경우가 대부분이지만, '함께'라는 뜻의 부사로 이해하는 견해도 있다. 이에 대해서는 같은 비문에 '太子 共'과 '古鄒加 共(고추가 공)'이라는 표현이 함께 나오는데, 인명으로 볼 경우 태자와 고추가를 동일인으로 보아야 한다는 점에서 한 사람의 직명이 다르게 나오는 것은 어색하다는 지적이 있다. 만약 비가 장수왕 대에 세워졌고 태자 공이 인명이라고 한다면, 장수왕 때 태자는 고추대가(古鄒大加)였다가 일찍 사망한 장수왕의 아들 조다(助多)와 손자인 나운(羅雲: 훗날 문자명왕) 가운데 한 명이 해당할 수 있을 것이다. 특히 조다가 고추대가를 역임했다는 점에서 태자 공과 조다가 동일 인물이었을 개연성이 있는데, 태자면서 고추가라는 다른 직명을 사용해도 무리한 경우는 아닐 수 있다.

'蓋盧(개로)'에 대해서는 백제 개로왕으로 비정한 이후 대체로 개로왕으로 이해해왔으나, 단지 음이 비슷하다는 이유만으로 개로왕이라 설정하기는 어렵다는 견해 또한 있다. 특히 고구려에서는 광개토대왕비에서 보듯이 백제 왕을 격하시켜 표현했는데 백제 왕명을 그대로 사용했다는 것은 약간 의문스럽다. 더구나 전체 내용상 백제 개로왕이 들어가기에는 적절하지 않은 듯하다.

한편 충주고구려비에 기록된 지명 역시 주목해볼 만하다. 비문에 등장하는 지명인 于伐城(우벌성)과 古牟婁城(고모루성)에 대한 인식 차이가 존재한다. 우벌성에 대해서는 대체로 세 가지 견해가 있다. 첫째는 '于(우)'를 처소격으로 파악하여 '伐城(벌성)' 곧 서라벌성의 약칭으로 보는 견해다. 이에 대해 본래 문장이 '12월 23일 갑인에 동이(東夷) 매금(寐錦)의 상하(上下)가 우벌성에 이르자'여서 '于' 앞에 이미 '至(지)'가 있으므로 처소격으로 이해하는 것은 잘못되었다는 지적이 있다. 둘째는 여러 가지 정황에 근거하여 비석이 위치한 중원 지방으로 파악하는 견해다. 이 역시 중원 지역에서는 '伐(벌)'이 들어간 지명을 찾을 수 없다는 반론이 있다. 마지막으로 고구려 고지(故地) 가운데 하나인 '伊伐支縣(이벌지현: 경북 순흥)'을 주목하여 '伊(이)'와 '于'가 서로 통한다고 파악하는 견해가 있다. 이에 대해서는 '伐'이 들어간 지명이 신라계로서 소백산맥 이동(以東)에 집중되어 있다는 점, 그리고 충주고구려비가 건립된 지역에서 멀지 않으면서 고구려와 신라 간 중요 교통로였던 죽령로 상에 위치한 장소라는 점을 근거로 든다.

고모루성은 광개토왕비에 광개토왕이 백제를 공략해 뺏은 58성 가운데 하나로 등장한다. 그러나 위치를 추정할 만한 구체적인 근거가 전혀 없는 실정이다. 다만 광개토왕이 빼앗은 58성의 위치가 주로 황해도와 경기도 인근으로 한정되는지, 아니면 중원 지역까지 미치는지에 따라 해석이 달라질 수 있다. 현재 고모루성은 음운학적 비교를 통해 충남 덕산설, 충북 음성 고산성(高山城)설, 포천 고모리산성(古毛里山城)설 등이 제기되어 있다. 또한 고구려와 신라의 관계라는 정황에 근거하여 한강 하류 강북 지역과 남한강 상류 지역, 그리고 396년(영락 6) 이전 백제의 동북경이면서 중부 내륙 방면의 고구려 남진 교통로 상에 위치했던 원주와 춘천 등이 비정되기도 한다. 현재로서는 고모루성의 위치를 명확하게 상정하기 어렵지만, 이 지명이 광개토왕비와 충주고구려비에 동시에 등장하고 광개토왕의 남하 지역 범위와도 연관되는 문제여서 고구려사에서 중요한 위상을 차지한다고 할 수 있다.

충주고구려비의 핵심 내용 가운데 하나는 고구려가 신라의 매금(마립간)을 불러 형제 관계를 맺고 '수천(守天)' 의식을 거행한 뒤 의복을 하사하면서 동시에 군인 징발 같은 합의 사항과 수행 내역 등을 새긴 것이다. '천(天)'의 직계 자손인 고려 태왕이 신라 매금을 불러들여 상징적인 관계를 맺음으로써 고구려의 우월성을 과시한 셈이다. 그렇지만 비문에는 太王國土(태왕국토)와 寐錦土(매금토) 또는 新羅土(신라토)라는 용어가 대비되어 나타나는데, 이것은 고구려의 태왕국토와 신라의 매금토 또는 신라토를 구분한다는 점에서 신라의 독자적인 영역을 인정하고 있음을 보여준다. 비록 고려 태왕에 비해 신라 매금이라는 용어가 상대적으로 차별화되어 있고, 고려 태왕은 '동이(東夷)'인 신라 매금에게 의복을 하사하는 우월적 존재지만 광개토왕비에 나타난 신라보다는 상대적으로 상승된 위상을 가지고 있다. 광개토왕비에서 신라는 고구려의 속민(屬民)으로 인식되었지만, 충주고구려비에서는 '新羅土內衆人(신라토내중인)'으로 표현된다. 이것은 고구려 속민에서 신라 매금의 백성으로 바뀌어 인정되고 있음을 가리킨다.

고구려와 신라의 관계 또한 광개토왕비에서 신라가 '奴客(노객)'으로 표현되는 종속 단계에서 '如兄如弟(여형여제: 형제와 같음)'라는 형제 관계로 바뀌어 인식된다. 이러한 측면에서 고구려 천하관의 일면과 그 변화를 살필 수 있는데, 두 가지 측면에서 이해할 수 있다. 하나는 고구려와 신라 사이의 위상 변화다. 다른 하나는 광개토왕비가 가지는 훈적비 성격에서는 신라가 상대적으로 낮추어 표현되었지만, 양국의 맹약과 같은 관계 속에서는 실제적 표현으로 서술되었을 가능성이 높다는 점이다.

고구려의 천하관을 이야기할 때 가장 어려운 문제는 중

국 왕조들과 맺은 조공·책봉 관계라 할 수 있다. 중국 왕조와 조공·책봉 관계를 맺었다는 것은 어쩌면 고구려가 영위한 독자적 천하의 상정을 주저하게 만드는 부분일 수 있다. 그러나 당시 고구려와 위진남북조를 비롯한 중국 여러 나라 사이의 조공·책봉 관계는 실질적인 관계라기보다는 대단히 형식적인 관계였다. 고구려는 동북아시아에서 힘의 균형이 이루어진 위진남북조 시기에 중국 왕조들과 조공·책봉 관계를 맺어 평화를 유지하고자 했고, 아울러 부여·백제·신라·가야 등 여러 주변국과 해당 국가의 위상과 상황에 맞게 관계를 맺어나갔던 것이다. 충주고구려비에 나타나는 고구려의 천하관은 주로 신라와의 관계에 한정되지만, 신라 왕을 낮추어 부르는 호칭 매금, 신라를 낮추어 부르는 명칭 동이, 상하 관계를 분명히 하는 의복 하사, 守天(수천), 여형여제 등 여러 표현과 행위로 볼 때 고구려 천하관의 일면을 잘 살펴볼 수 있다.

동아시아에서는 조공·책봉 관계 외에도 맹(盟), 약(約), 서(誓) 같은 일종의 회맹(會盟) 자료도 나타나는 만큼, 하나로 일괄하여 관계를 설정하기는 어렵지 않나 여겨진다. 향후 동아시아 국제 관계 이해에서 이러한 점이 고려되어야 할 것으로 판단된다. 고구려를 중심으로 인식하는 또 하나의 세계, 그리고 그 속에 포함되어 종속적인 위치에 있던 신라의 모습이 얽혀 있는 충주고구려비를 통해, 우리는 당시 삼국의 위상을 다소나마 엿볼 수 있다.

비의 성격과 역사적 의의

　충주고구려비는 한반도 남부의 유일한 고구려 비라서 비의 건립 목적이나 성격을 밝히는 것은 매우 중요한 과제다. 비의 건립 목적이나 성격이 무엇이냐에 따라 비가 지니는 역사적 의미가 다를 수 있기 때문이다. 충주고구려비의 성격에 대해서는 공적비(功績碑), 정계비(定界碑) 또는 척경비(拓境碑), 순수비(巡狩碑: 순행비巡行碑), 회맹비(會盟碑) 등 다양한 의견이 개진되어 있다.

　정계비 또는 척경비라는 관점은 고구려가 중원 지방 진출 이후 신라와 국경을 확정하면서 세운 비라고 보는 것이다. 하지만 중원 지방은 이미 5세기에 고구려 영토였고, 고구려와 신라는 5세기 중엽 이후 계립령과 죽령을 국경 삼아 대치했으므로 정계비 또는 척경비가 세워질 만한 장소가 아니라는 사실을 염두에 둘 필요가 있다. 이미 5세기경 신라는 고구려의 영향 아래 있었기 때문에 고구려가 정계비나 척경비를 세웠을 개연성은 높지 않다고 여겨진다.

비의 내용상 다우환노(多亐桓奴)의 20년간에 걸친 공적을 기록한 것이라거나, 태자 공이 신라와 싸워 우벌성을 재정복한 무훈을 기념하는 것으로 추정하기도 하며, 장수왕의 공적기념비(功績記念碑)라고 이해하기도 한다. 그러나 비 내용에서 가장 중요한 사항은 고려 태왕과 신라 매금의 만남이다. 다우환노나 태자 공의 공적이 비의 중심 내용이라고 보기는 어렵다고 여겨진다. 또한 비문 내용이 특정한 고구려 왕의 공적을 나열한 것도 아니고, 특정 기간 동안에 행해진 사실의 기록이므로 왕의 공적비로 한정하는 것은 적절하지 않다. 따라서 공적비로 보는 것은 바람직하지 않은 듯하다.

순수비로 보는 견해는 고구려 왕이 순행(巡行)하면서 비를 건립했다는 것인데, 특히 『삼국사기』 문자명왕 대의 순수(巡狩) 기사에 주목한 것이다. 그러나 기록 등 당시의 역사적 정황으로 봐서는 비가 문자명왕 대의 사실을 반영하고 있다는 데 일단 회의적이며, 비록 왕이 중원 지역으로 갔다 할지라도 순수 자체가 목적이라기보다는 신라 매금과의 만남과 관련한 의례 등이 주요 내용이기 때문에 순수비 또는 순행비로만 한정하여 이해하는 것은 어색한 점이 있다.

가장 주목되는 견해로는 고구려와 신라 간의 회맹비로 파악하는 것이다. 고구려와 신라 간의 회맹(會盟)이나 친선(親善)을 나타낸 것으로 보거나, 고구려와 신라 간 주종 관계를 확인하기 위해 건립된 것으로 보면서 고려 태왕과 신라 매금의 회맹이 가장 중요한 점이라고 지적하기도 한다. 『삼국사기』 450년(눌지왕 34) 7월의 기사 중 "내가 대왕과 더불어 우호를 닦은 것을 매우 기쁘게 여기고 있었는데"라는 구절도 중요한 단서가 되는데, 고구려 변방 장수 살해 사건이 있었던 450년 7월을 전후한 시기에 고구려가 기존에 신라와 맺고 있던 우월적 지위를 과시할 목적으로 비를 세웠다고 보기도 한다. 즉 국력이 신장되고 대외 관계가 신라에 유리하게 돌아가는 상황에서 신라가 고구려의 영향력으로부터 벗어나고 있는 현실을 직시한 고구려의 대신라관이 반영된 것으로 이해하는 것이다. 비문에 맹(盟), 약(約), 서(誓) 등 회맹을 직접 나타내는 구절이 보이지 않은 것이 약점인데, 그러나 현재로서는 가장 합리적인 해석으로 여겨진다.

한편 충주고구려비의 성격을 고구려의 숙적인 백제를 고립시키기 위한 전략적 차원에서 세운 것으로 주목한 이후, 최근에는 회맹비라고 이해하면서도 비가 세워진 시간적·지리적 상황을 고려하여 고구려-백제 관계를 중심으로 하고, 고구려-신라 관계는 부차적 관계로 이해해야 충원고구려비의 건립 목적과 성격 등을 입체적으로 파악할 수 있다는 견해가 제기되었다. 즉 기존의 고구려와 신라 간 관계에 한정하지 않고 5세기 삼국 정세상 고구려와 백제의 대립에 주목한 것이다. 비의 전면에는 고려 태왕과 신라 매금이 형제 관계를 맺고 '수천'의례를 거행한 것, 신라 매금 등에게 의복을 하사한 것, 신라 영토 내에서 사람을 모집한 것 등의 내용이 새겨져 있는데 아마 비의 마멸된 부분에는 모집된 사람을 백제와의 전쟁에 활용한다는 내용이 포함되어 있을 것으로 추정한다. 그러나 현재 비에 백제가 언급된 부분이 없어서 추정에 그칠 뿐이다. 그렇지만 비에 대한 인식에서 당시 역사적 정황을 통한 시각의 전환이라는 측면에서는 의미를 둘 수 있을 듯하다.

이처럼 충주고구려비의 성격에 대해 여러 가지 의견이 제기되는 데서 보듯 비의 전체 내용 판독이 제한적인 상황에서 한 가지 개념으로 확정짓기는 다소 어려운 상황이다. 그러나 고구려와 신라 간 관계가 주요 내용인 점은 분명하기 때문에 우선적으로 이러한 관점에서 이해하는 것이 바람직하다고 생각한다.

역사적 맥락에서 살펴보자면 4세기 말경에는 고구려가 신라를 종속시켜가는 상황이 나타난다. 또한 광개토왕 대에 남정(南征)과 신라 구원 등으로 대표되는 일련의 사건을 통해 고구려의 신라에 대한 영향력은 막대해져간 것으로 보인다. 특히 고구려가 신라 인질을 볼모로 삼고 있었고 신라 실성왕과 눌지왕 대에 신라 내정에 간섭하거나 심지어 왕위 계승에까지 관여하는 모습이 나타난다. 실성왕이 10여 년간 고구려에 체류해 있었기에 고구려가 정치적으로 배후에서 일정한 역할을 했을 가능성이 높고 눌지왕 또한 실성왕과 다투는 과정에서 고구려의 지지로 왕위에 올랐을 개연성이 있다. 눌지왕은 즉위 후 고구려로부터 정치적 간섭과 경제적 부담이 가중되자 고구려 세력의 간섭을 배제하려 했을 테고, 그러는 와중에 고구려에 볼모로 간 동생 복호를 귀환시켰다.

이어서 장수왕의 남하 정책에 맞서 백제와 신라는 나제동맹(羅濟同盟)을 결성했다. 백제 비유왕(毗有王)이 433년(비유왕7)~434년(비유왕 8)에 주도적으로 신라에 화친을 제의했고 신라가 이를 받아들인 것이다. 물론 나제동맹 결성에 대해서는 논란이 있다. 결성 시점을 보통은 433년으로 이해하지만 동맹군의 활동이 나타나는 455년(백제 개로왕 1)으로 보거나, 고구려 장수왕의 백제 한성 공략을 기점으로 신라가 백제에 구원군 파병한 시점을 실질적인 군사동맹으로 보아 475년(개로왕 21)으로 상정하기도 한다. 그러나 450년(장수왕

38) 7월 당시 고구려 변방 장수가 실직의 들에서 사냥하다가 하슬라 성주에게 살해당하는 사건이 벌어지자 장수왕은 신라에 사신을 보내 눌지왕을 나무라면서 군사를 파견했고 눌지왕이 사과를 하고서야 사태가 수습된 듯했다. 하지만 이어서 454년(장수왕 42) 고구려는 신라의 북쪽 변경을 침입했다. 이렇듯 이 두 사건을 두고 볼 때 고구려와 신라 간 기존 관계는 더 이상 유지되지 않았던 것으로 보인다. 특히 455년(장수왕 43) 겨울 10월에는 고구려가 백제를 침공하자 신라 눌지왕이 병사를 보내 백제를 구원한 것으로 보아 기존의 고구려와 신라 간 우호 관계는 이미 신라와 백제 간 우호 관계로 변화되었음을 알 수 있다.

이렇듯 충주고구려비는 여러 문헌 기록이나 광개토왕비문 등의 내용과 함께 4~5세기경의 고구려와 신라의 관계를 보여주는 중요한 내용을 담고 있으며 문헌 기록상의 여러 정황까지 유추해볼 수 있는 중요한 사료라 할 것이다. 아울러 충주고구려비 주변에는 삼국시대의 고분군들이 자리하고 있는데, 특히 충주에는 고구려 무덤인 두정리(豆井里)고분, 단월동(丹月洞)고분이 위치하고 있다. 근래 탑평리 온돌 유구에서도 고구려 유물이 수습되었고 장미산성(薔薇山城) 등 고구려 산성으로 여겨지는 유적들도 있다. 또 주변 노은면에서는 "建興五年歲在丙辰(건흥 5년 세재병진)"이라는 명문이 새겨진 고구려의 금동광배(金銅光背)가 출토되었다. 이 사례들에서 보듯 충주에서 고구려의 흔적을 발견하기는 어렵지 않다. 따라서 충주고구려비는 이러한 유물·유적과 함께 남한강 일대까지 미친 고구려의 영향력을 상징적으로 보여주는 것이라고 평가할 수 있다.

고구려의 남진로에 대해서는 기존 연구에서 논의되었는데, 그 주요 경로는 다음 지도와 같이 추정한다.

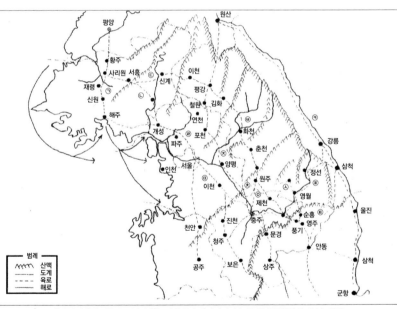

고구려 주요 남진로(출처: 서영일, 「中原高句麗碑에 나타난 高句麗 城과 國防體系」 『高句麗研究』 10, 高句麗研究會, 2000.)

지도에서 보듯이 충주로 내려오는 길은 몇 가지로 상정된다. 대체로 '포천-양평-충주'로 이어지는 선과 '춘천-원주-충주'로 이어지는 선, 그리고 '파주-서울-이천-충주'로 이어지는 선이다. 광개토왕 대의 남진 경로까지 고려한다면 남한강을 따라 중부 내륙을 통해 내려오는 두 가지 경로가 고구려군이 남하한 길이라고 상정할 수 있다. 그러나 '파주-서울-이천-충주' 경로는 백제가 475년(개로왕 21)까지 장악하고 있던 곳이라서 그 이전에 이 길을 이용하기는 어렵다.

충주고구려비는 고구려비 중 한반도에서 발견된 유일한 예다. 고구려가 신라를 '동이'라 칭하면서 신라 국왕인 '매금'에게 종주국으로서 의복을 하사했다는 내용이 있는데 광개토왕비나 모두루묘지명 등에서도 드러나는 고구려 천하관의 일면을 재확인시켜 고구려사에 대한 인식의 폭을 넓혀준다. 그리고 '新羅土內幢主(신라토내 당주)'라는 직명으로 미루어 신라 영토 내에 고구려 군대가 주둔하고 있었다고 한 『일본서기』의 기록이 사실일 가능성이 높음을 확실시한다. 또한 고구려에서 인명을 '직명-부명-관등명-인명' 순으로 표기했다는 점, '節敎事(절교사)' 같은 표현에 보듯 당시에 이미 이두를 사용했다는 점, 그리고 고구려 관등 조직의 정비 과정 등 여러 측면에서 고구려사에 대한 새로운 정보를 제공해준다.

5세기 삼국 간의 치열한 공방전 속에서 그 접경지대에 위치한 충주고구려비는 고구려가 중원 지역에까지 남하한 사실과 더불어 고구려와 신라의 관계를 밝혀주는 중요한 자료다. 충주고구려비와 함께 앞서 언급한 충주 일대의 두정리고분, 장미산성, 탑평리 온돌 유구, 단월동고분 등 고구려 유적이나 유물이 점차 더 확인되면서 고구려의 중원 지역 진출과 영역 점유에 대해서는 더 이상 재론의 여지가 없다고 하겠다. 이러한 중원 지역 고구려 유적과 유물은 충주를 중심으로 집중되어 있다. 충주는 남한강과 금강, 그리고 두 강으로 합류하는 지천과 연결되는 교통로에 위치하는데, 이곳에서 발견되는 유적과 유물은 고구려의 남하 정책 상황을 잘 보여준다. 충주 지역의 이러한 고고학적 성과는 5세기 당시 국원(國原: 중원, 지금의 충주)이 고구려의 남진 거점으로서 중요시되었음을 잘 드러내준다. 아울러 중원 문화의 형성에서 고구려의 영향을 상정할 수 있으며 고구려가 육로와 수로를 이용하여 성곽을 축조하면서 관방 체계를 구축했고 이를 기반으로 영역을 확장시켰음도 알 수 있다. 특히 고구려가 남한강의 교통로를 이용하여 충주 지역에 안정된 배후 거점을 마련하여 남진 정책에서 핵심지로 삼았던 것을 엿볼 수 있다.

고구려는 서해안 방면, 중부 내륙 방면, 동해안 방면 등으로 남하하는데 충주고구려비는 중부 내륙 방면으로 남한강 경로를 따라 내려오는 진격로에 해당된다. 고구려 왕이 신라 왕을 국원으로 불러들여 회맹한 후 그 내용을 비석으로 세운 것은 고구려의 국원 진출과 무관할 수 없는데 여기서 고구려가 신라를 회유하고자 한 의도를 읽을 수 있다. 고구려가 남진 거점으로 국원 지역을 차지한 것은 비단 신라만이 아니라 백제까지 염두에 둔 조치였다고 볼 수 있다. 이렇듯 충주고구려비는 고구려의 중원 지역 진출 상황, 그리고 신라와 백제의 경계 영역을 점유한 고구려가 외교 활동과 군사 작전을 수행해왔음을 여실히 보여준다. 그런 점에서 충주고구려비는 만주 지역과 한반도 북부에 자리했던 고구려가 한반도 남부 지역까지 진출하여 영토를 넓힌 사실을 증명하는 유력한 근거다.

나가며:
오늘날 우리에게 고구려가 가지는 의미

    고구려는 우리 역사상 가장 넓은 영토를 가졌던 국가로 인식된 까닭에 오래전부터 많은 관심의 대상이 되어온 국가였다. 특히 고구려는 다종족국가로, 당시 동북아시아 국제질서의 한 축으로서 독자적인 천하관을 가진 국가, 광대한 영토를 영유한 제국으로 기억된다. 이런 까닭에 고구려는 우리 민족사에서 가장 자랑스러운 역사의 한 부분으로 인식되어왔다. 고구려는 자국의 이익과 평화를 유지하기 위해 수많은 전쟁을 치르고 많은 외교적 노력도 기울였다. 그런데 소략한 문헌 기록만으로는 이러한 고구려 역사의 전모를 다 알 수 없는 상황이다. 그런 점에서 발굴을 통해 얻어지는 고고학 자료와 더불어 고구려 당시 사람들이 세운 비석에 적힌 기록은 고구려사를 더욱 잘 알 수 있게 해주는 소중한 사료다.

지금까지 고구려 당시에 건립된 3개의 비에 대해 살펴보았는데, 이를 통해 4~5세기 고구려의 모습에 좀 더 가까이 다가갈 수 있었기를 기대한다. 고구려를 대표하는 3개의 비석인 광개토왕비, 지안고구려비, 충주고구려비는 4~5세기 당시 고구려의 여러 이념과 사회상, 그리고 고구려의 대외 정복 활동 및 국제 정세 등 다채로운 내용을 알려준다. 이러한 비석들의 제작에는 고구려 전성기의 역량을 응축하여 표현한 것이라는 배경이 깔려 있다고 볼 수 있다. 4~5세기 고구려의 자존감 내지는 자신감이 3개의 비석에 표출되고 있는 것이다.

그렇다면 고구려는 오늘날 우리에게 어떤 의미를 줄 수 있을까? 역사는 과거와 현재의 끊임없는 대화라는 말처럼 과거에 대한 분석은 곧 현실에 투영되는 실마리를 제공하며 미래를 전망하게 한다. 이런 측면에서 고구려를 통해 다음과 같은 의미들을 발견할 수 있지 않을까 한다.

첫째, 동북아시아에서 과거 역사를 두고 일종의 역사 전쟁이 벌어지고 있는 상황에서 고구려가 가지는 의미는 막중하다. 근래 중국의 동북공정, 일본의 교과서 문제뿐 아니라 우리나라 내부에서도 상고사나 고대사, 현대사를 두고 역사 갈등이 빚어지고 있다. 이러한 문제들은 단순히 역사에 관한 것만이 아니어서, 그 배경에는 상당한 정치적·경제적·사회적 요소들이 결합되어 있다.

2000년대 들어서 중국이 국가 프로젝트로 진행한 동북공정은 고구려에 대한 우리의 역사 인식에 위협을 가한 역사 침탈로 받아들여졌다. 2002년부터 중국사회과학원(中國社會科學院) 변강사지연구센터(邊疆史地研究中心) 주도로 진행한 동북공정을 통해 중국은 자기네가 통일적 다민족국가며, 현재 중국 영토 안에서 이루어진 역사는 모두 중국 역사라는 이론 틀을 정교하게 구축했다. 특히 고구려를 중국의 소수민족 지방정권으로 파악하여 고구려사를 중국사로 편입시키고자 했다. 이러한 동북공정은 중국이 동북지방의 안정을 꾀하면서 과거 불특정한 시점을 기준으로 중국사의 범주를 최대한 확장하여 동북아 국제 질서를 중국 중심으로 재편하겠다는 국가전략 차원에서 극단적인 패권주의 역사관을 천명한 것으로 볼 수 있다. 이러한 논리에 따라 고조선에서 발해에 이르는 시기의 만주 지역 역사는 현재 중국 영토 내의 소수민족 역사이기 때문에 중국사라고 주장하고 있는 것이다. 여기에는 역사 인식의 문제를 떠나 중국 내 소수민족에 대한 정책과 함께 북한의 붕괴에 대비한 정치적·경제적 목적이 깔려 있다.

이러한 동북공정과 같은 역사 문제에서 우리가 중국보다 논리적으로 우위에 있는 것은 역사적 계승성이라는 부분이다. 중국은 현재를 기준으로 하는 중화민족주의와 통일적 다민족국가론을 근거로 고구려사를 중국사로 편입하고 있는 반면, 한국은 족속계통론에 입각한 역사계승 의식을 토대로 하여 고구려사를 바라보고 있다. 즉 중국이 영토지상주의 역사관을 주장하고 있다면, 한국은 단일민족주의라는 입장에서 역사적 계승 관계를 중요시하는 계통론적 역사관을 주장하고 있는 것이다. 동북공정과 같은 역사 갈등은 동북아시아의 평화와 공영을 위해서는 결코 바람직하지 않다. 양국이 극명하게 역사관의 차이를 보이는 상황에서 감정적으로 비난하거나 폐쇄적이고 공격적인 민족주의 시각으로 이 사안을 바라보는 것 역시 현실적으로 올바른 방향이 아닐 것이다.

현재 우리나라의 영문 표기가 'KOREA'인데 이것은 고려에서 기인한 용어로 알려져 있다. 그런데 좀 더 깊이 들어가 보면 고구려 중기에 이미 국호가 고려로 표기되고 있었다. 충주고구려비에 고려로 표기되어 있음을 앞에서 이미 살펴보았다. 때문에 'KOREA'라는 영문 표기는 고구려에서 처음 기인했다고 보는 것이 타당하다. 이러한 국호를 통해서도 우리는 오래전부터 고구려 역사를 우리 역사로 인식해왔음을 알 수 있으며 실제로 대조영이 건국한 발해나 왕건이 세운 고려 역시 고구려를 계승했다고 밝혔다. 그러므로 동북아시아 역사 전쟁에서 역사적 계승성이 어떤 국가보다 확실한 고구려의 중요성은 두말할 나위가 없다고 할 것이다.

둘째, 가속화하는 세계화의 물결 속에서 국경을 넘어선 이주가 전 지구로 확산되고 있는 상황에서 고구려를 주목해야 할 필요가 있다. 이주로 인해 여러 가지 사회문제가 대두하여 심각한 갈등이 야기되고 있는 상황이다. 한국 사회 또한 인구의 2퍼센트 이상이 이주자임을 감안하면 서구 사회보다는 덜하긴 하지만 이주로 인한 여러 가지 사회문제에 직면해 있다고 본다. 실제로 이주와 이민이 내포하고 있는 복잡하고 다층적인 문제들을 쉽게 풀어나갈 수 없는 현실에 놓여 있으며 다문화사회 속에서 이주자 또는 이주민과 어울림이 무엇보다 중요한 과제 중 하나로 떠오른 상황이다. 한국 사회가 맞닥뜨린 다문화사회에 수반되는 여러 가지 문제는 우리 모두에게 고민거리일 수밖에 없다.

고대에도 한사군 설치, 위진남북조시대라는 혼란기, 당나라에 의한 고구려와 백제의 멸망과 유민 발생 등 여러 요인으로 인해 이주는 매우 빈번했다. 특히 고구려는 다종족국가로서 다양한 이주민을 포용하여 주변의 다양한 종족들과 때로는 투쟁하고 때로는 교류하거나 융합하면서 국가를 발전시켜나갔다. 주변 종족인 선비, 말갈, 거란, 중국 한족 등과 고유 한국인이었다고 할 수 있는 예맥족이 고구려라는 사회 속에서 어울려 살았던 사실을 우리는 기억해야 한다. 이러한 고구려 사회에서 요구된 것은 고정된 정체성이 아니라 문화적으로 혼종되고 혼합되고 변형되는 다중 정체성이었음을 짐작할 수 있다. 오늘날 다문화사회에서 요청되는, 일방적 강요와 편입이 아닌 진정한 융합과 어울림을 바로 고구려라는 사회의 모습에서 우리는 발견할 수 있다. 고구려 사회의 역사적 경험이 지금 우리에게 하나의 모델이 될 수 있음을 잊지 말아야 할 것이다.

셋째, 현시대를 사는 우리에게 맡겨진 역사적 책무 중 하나는 분단국가를 통일국가로 만드는 일인데 고구려를 통해 이 문제에 접근해볼 수 있다. 오늘날 남과 북은 모든 환경이 너무나 차이가 나서 통일을 염두에 둔다면 남북의 동질성을 놓고 심각한 내부 갈등을 겪을 가능성이 매우 높다. 분단으로 인한 남북 갈등뿐 아니라 남한 내부의 지역 갈등, 계급 갈등, 빈부 갈등, 세대 갈등 등도 동시에 심각한 문제다. 아울러 대륙과 단절되어 있는 하나의 섬에 불과한 남한만 생각한다면 어느 때보다 진취적인 기상이 요구된다. 우리 역사상 가장 진취적인 국가로 고구려를 꼽을 수 있을 듯하다. 고구려인의 진취적인 기상은 곧 21세기 우리 청년들에게 요청되는 덕목이며 내부의 사소한 갈등을 치유할 수 있는 힘이기도 하다. 다소 감성적인 시각이지만, 늘 대륙을 바라보고 사는 사람의 기상과 분단으로 북쪽마저 막혀 섬나라와 같은 곳에서 사는 사람의 기상은 차이가 있을 수밖에 없다. 나아가 남북의 역사 인식에서 가장 이질성이 적은 부분이 바로 고구려사에 대한 인식이다. 그동안 남북 교류에서 고구려 관련 교류가 많았던 것도 남북 간 역사인식의 동질성에 기인한다고 볼 수 있다. 과거 고구려가 신라, 백제 등에 가졌던 동류의식은 근대 국민국가로 넘어오면 민족의식이 된다. 21세기에는 민족이라는 경계를 넘어서 더 확대된 인식이 필요하지만 통일 문제에서는 이 민족의식이라는 감성적이고 상징적인 정서가 중요한 구실을 한다. 일제강점기를 지나 남북 분단이 된 이래로 우리 앞에는 통일 민족국가 실현이라는 과제가 놓여 있다. 하지만 통일을 경제적인 측면에서만 바라보는 것은 올바른 방향이 아니다. 그런 점에서 고구려가 가졌던 동류의식과 진취적 기상은 오늘날 통일 의지로 연결될 수 있는 소중한 덕목이다.

넷째, 한반도를 둘러싸고 미국, 중국, 러시아, 일본 등 강대국이 세력 다툼을 하는 상황에서 고구려를 살펴봐야 할 필요가 있다. 강대국의 틈바구니에서 살아남는 방법을 고민할 때, 우리는 고구려라는 국가가 지니고 있었던 다양성과 국제성을 주목해야 한다. 당시 고구려가 독자성과 보편성, 개별성과 국제성을 조화롭게 버무려낸 흔적을 다양한 자료를 통해 보여주고 있기 때문이다. 고구려는 주변 나라들과 활발히 교류하면서 북방 민족이 세운 국가들뿐 아니라 신라, 백제, 왜 등에도 지대한 영향을 끼쳤다. 고구려인이 보여준 이러한 국제성은 오늘날 이 시대를 사는 우리가 눈여겨봐야 할 대목이다. 당시 고구려가 주변 국가를 상대로 기울였던 수많은 외교적 노력 또한 놓칠 수 없는 부분이다. 고구려는 주변 여러 국가들과 전쟁을 통해서만 생존했던 것이 아니다. 이전 시기는 차치하더라도 수나라나 당나라 때도 외교에 많은 노력을 쏟았다. 국익과 평화를 위해 치열한 외교전을 펼친 고구려의 모습은 그동안 국제사회에서 외교 능력이 취약한 것으로 치부되어온 우리에게 많은 시사점을 던져줄 것이다. 아울러 고구려 멸망 원인을 연개소문 집권기의 리더십 한계라는 관점에서 바라보면, 한반도를 둘러싸고 여러 이슈가 시시때때로 부각되는 현재 상황에서 우리에게 진정으로 필요한 국가 지도층의 리더십에 대한 깊은 고민과 성찰이 절실하다는 교훈 또한 얻을 수 있다.

고구려와 고구려인이 가졌던 포용력, 진취성, 역동성, 다양성, 독자성, 국제성 등의 요소를 바탕 삼아 우리가 맞닥뜨린 현실의 문제를 슬기롭게 풀어나갈 역량을 키운다면 좀 더 밝은 미래를 열어나갈 수 있을 것이다. 고구려를 과거의 영광스러운 역사로만 여길 것이 아니라, 현재의 우리에게 진정한 역사적 의미와 화두를 던지는 실체로 받아들일 때 고구려의 진면목은 우리 눈앞에 오롯이 되살아날 것이다.

참고문헌

제1장 광개토왕비의 비밀

『삼국사기』 『삼국유사』 『일본서기』 『민족문화대백과사전』

那珂通世, 「高句麗古碑考」, 『史學雜誌』 47·48·49, 1893; 『那珂通世遺書』 (故那珂博士功績紀念會), 1915.

關野貞, 「滿洲輯案縣及び平壤附近に於ける高句麗時代の遺跡」, 『考古學雜誌』 5-3, 1914.

池內宏, 『通溝』 上, 1938.

박시형, 『광개토왕릉비』, 사회과학원출판사, 1966.

李進熙, 『廣開土王碑の研究』, 吉川弘文館, 1972.

李進熙, 「廣開土王陵碑文の謎 – 初期朝日關係研究史上の問題點 – 」, 『思想』 575, 岩波書店, 1972.

佐伯有淸, 「高句麗廣開土王陵碑文再檢討のための序章 – 參謀本部と朝鮮研究」, 『日本歷史』 287, 1972.

김응현, 「高句麗 書法考」, 『書通』 1, 1973.

佐伯有淸,『硏究史 廣開土王碑』(吉川弘文館), 1974.

旗田巍,「廣開土王陵碑文の諸問題」,『古代朝鮮と日本』, 龍溪書舍, 1974.

武田幸男,「廣開土王碑からみた高句麗の領域支配」,『東洋文化硏究所紀
    要』78(東京大), 1979;『高句麗史と東アジア』(岩波書店), 1989.

천관우,「광개토왕릉비문재론」,『전해종박사화갑기념사학논총』, 일조각,
    1979.

武田幸男,「廣開土王碑からみた高句麗の領域支配」,『紀要』78, 東京大學
    東洋文化硏究所, 1979.

조인성,「慕本人 杜魯-高句麗의 殉葬과 守墓制에 관한 一檢討」,『歷史學
    報』87, 1980.

이진희,『廣開土王碑의 探求』, 一潮閣, 1982.

양기석,「4~5C 高句麗 王者의 天下觀에 對하여」,『湖西史學』11, 1983.

王健群,『好太王碑硏究』, 吉林人民出版社, 1984.

浜田耕策,「高句麗廣開土王陵墓比定論の再檢討題」,『朝鮮學報』119·120,
    1986.

손영종,「광개토왕릉비문에 보이는『수묘인연호』의 계급적 성격과 립역방식
    에 대하여」,『력사과학』1986-3, 1986.

李亨求·朴魯姬,『廣開土大王陵碑 新硏究』, 1986.

손영종,「광개토왕릉비를 통하여 본 고구려의 령역」,『력사과학』, 1986.

鈴木英夫,「廣開土王碑文 加羅關係記事の基礎的硏究」,『千葉史學』8,
    1986.

武田幸男,『廣開土王碑原石拓本集成』, 東京大學出版會, 1988.

조인성,「광개토왕릉비를 통해 본 고구려의 守墓制」,『韓國史市民講座』3,
    1988.

耿鐵華, 「好太王碑的國烟看烟及其身分問題」, 『求是學刊』 1988-4, 1988;

　　『高句麗渤海硏究集成-高句麗卷(三)』(哈爾濱出版社), 1997.

노태돈, 「5세기 金石文에 보이는 高句麗人의 天下觀」, 『韓國史論』 19, 1988.

서영수, 「廣開土王陵碑文의 征服記事 再檢討」(中), 『歷史學報』 119, 1988.

이기동, 「광개토왕릉비 연구의 현황과 문제점」, 『한국사시민강좌』 3, 1988.

김현숙, 「廣開土王碑를 통해 본 高句麗守墓人의 社會的 性格」, 『韓國史硏

　　究』 65, 1989.

이형구 외, 「廣開土王陵碑文의 所爲 辛卯年 기사에 대하여-僞作 '倭'字考

　　-」, 『동방학지』 29, 1989.

高寬敏, 「永樂十年 高句麗廣開土王の新羅救援戰について」, 『朝鮮史硏究

　　會論文集』 27, 1990.

공석구, 「廣開土王陵碑의 東夫餘에 대한 考察」, 『한국사연구』 70, 1990.

조인성, 「4, 5세기 고구려 왕실의 세계 인식 변화」, 『한국고대사연구』 4, 1990.

노태돈, 「廣開土王陵碑」, 韓國古代社會硏究所 編, 『譯註 韓國古代金石文』

　　제1권, 駕洛國史蹟開發硏究院, 1992.

이도학, 「고구려 초기 왕계의 복원을 위한 검토」, 『한국학논집』 20, 1992.

이종태, 「고구려 태조왕계의 등장과 주몽국조의식의 성립」, 『북악사론』 2,

　　1992.

김현숙, 「고구려의 해씨 왕 고씨 왕」, 『대구사학』 47, 1994.

임기환, 「광개토왕비의 國烟과 看烟-4·5세기 고구려 대민편제의 일례」,

　　『역사와 현실』 13, 1994.

김태식, 「광개토왕릉비문의 임나가라와 안라인수병」, 『한국고대사논총』 6,

　　1994.

노태돈, 「고구려의 초기 왕계에 대한 일고찰」, 『이기백고희기념논총』, 1994.

연민수, 「廣開土王碑文에 보이는 對外關係-高句麗의 南方經營과 國際關係論」, 『韓國古代史研究』10, 1995.

조법종, 「廣開土王陵碑文에 나타난 守墓制研究-守墓人의 編制와 性格을 중심으로-」, 『韓國古代史研究』8, 1995.

이성시, 「광개토왕비의 건립목적과 고구려의 수묘역제」, 『고구려발해연구』2, 1996.

이인철, 「廣開土好太王碑 守墓人烟戶條를 통해 본 高句麗의 南方經營」, 『廣開土好太王碑 研究 , 100年(下)』(高句麗研究會), 1996.

박진석, 『高句麗 好太王碑 研究』, 아세아문화사, 1996.

고구려연구회, 『廣開土好太王碑 研究 100年』, 학연문화사, 1996.

임기환, 「광개토왕릉비문에 보이는 '민'의 성격」, 『광개토호태왕비 연구 100년』, 학연문화사, 1996.

朴眞奭, 「關于好太王碑文中守墓人烟戶的身分」, 『全國首屆高句麗學術研討會 論文集』(吉林省社會科學院高句麗研究中心·通化師範學院高句麗研究所), 1999.

范犁, 「好太王碑文烟戶, 奴客諸詞語补釋」, 『全國首屆高句麗學術研討會 論文集』(吉林省社會科學院高句麗研究中心·通化師範學院高句麗研究所), 1999.

손영종, 『고구려사의 제문제』, 사회과학출판사, 2000.

이성시, 『만들어진 고대-근대 국민국가의 동아시아 이야기-』, 2001.

이도학, 「광개토왕릉비의 건립 배경」, 『백산학보』65, 2002.

권정, 「한중일비교를 통해 본 고대 수묘인의 성격」, 『日語日文學研究』42, 2002.

이도학, 「광개토왕릉비문의 國烟과 看烟의 性格에 대한 再檢討」, 『韓國古代

史硏究』28, 2002.

김태식, 「광개토왕대 고구려와 가야의 관계」, 『광개토왕과 고구려 남진 정
책』, 학연문화사, 2002.

백승옥, 「광개토왕릉비문의 건비목적과 가야관계기사의 해석」, 『한국상고사
학보』42, 2003.

耿鐵華, 『好太王碑―千五百八十年祭』(中國社會科學出版社), 2003.

고광의, 「書體를 통해 본 高句麗 正體性-廣開土太王碑體의 형성을 중심으
로-」, 『高句麗硏究』18, 2004.

조법종, 「중국 집안박물관 호태왕명문 방울」, 『한국고대사연구』33, 2004.

김구진, 「고구려의 北方系(시베리아) 文化의 특성에 관한 연구」, 『북방사논
총』7, 2005.

백승옥, 「신묘년명 청동방울과 태왕릉의 주인공」, 『역사와 경계』56, 2005.

주보돈, 「고구려 남진의 성격과 그 영향-광개토왕 남정의 실상과 그 의미」,
『대구사학』82, 2005.

고구려연구재단, 『환인·집안 지역 고구려 유적 지질조사 보고서』, 2005.

김락기, 「高句麗 守墓人의 구분과 立役方式」, 『韓國古代史硏究』41, 2006.

徐建新, 『好太王碑拓本の硏究』, 東京堂出版, 2006.

濱田耕策, 「高句麗長壽王という時代-父王廣開土王の治績を繼いで」, 『朝
鮮學報』199·200, 2006.

백승옥, 「광개토왕릉비의 성격과 장군총의 주인공」, 『한국고대사연구』41,
2006.

여호규, 「집안지역 고구려 초대형적석묘의 전개과정과 피장자 문제」, 『한국
고대사연구』41, 2006.

이우태, 「신라 금석문과 고구려 금석문의 차자표기」, 『고구려의 역사와 대외

관계』, 2006.

이도학, 『고구려 광개토왕릉비문 연구』, 2006.

이성시, 「광개토대왕비의 건립목적에 관한 시론」, 『한국고대사연구』 50, 2008.

정호섭, 「고구려 적석총의 피장자에 대한 재검토」, 『한국사연구』 143, 2008.

서철원, 「광개토왕릉비문의 수사 방식과 세계관」, 『고전문학연구』 33, 2008.

임기환, 「고구려 장지명 왕호와 왕릉 비정」, 『고구려 왕릉 연구』, 동북아역사재단, 2009.

武田幸男, 『廣開土王碑墨本の硏究』, 吉川弘文館, 2009.

여호규, 「廣開土王陵碑에 나타난 高句麗 天下의 공간범위와 주변 族屬에 대한 인식」, 『역사문화연구』 32, 2009.

기경량, 「高句麗 國內城 시기의 왕릉과 守墓制」, 『韓國史論』 56, 2010.

백승옥, 「廣開土王陵碑 拓本의 編年方法 – 연구현황을 中心으로 – 」, 『목간과 문자』 8, 2011.

공석구, 「『광개토왕릉비』에 나타난 광개토왕의 왕릉관리」, 『高句麗渤海硏究』 39, 2011.

임기환, 「울진 봉평리 신라비와 광개토왕비, 중원고구려비」, 『울진 봉평리 신라비와 한국 금석문 연구』, 2011.

공석구, 「광개토왕릉비에 나타난 광개토왕의 왕릉관리」, 『高句麗渤海硏究』 39, 2011.

森博達, 「한일 속한문의 세계–『일본서기』 구분론과 종결사 之」, 『고대 동아시아의 문자교류와 소통』, 동북아역사재단, 2011.

集安市博物館 編著, 『集安高句麗碑』, 吉林大學出版社, 2012.

정호섭, 「廣開土王碑의 성격과 高句麗의 守墓制 改編」, 『先史와 古代』 37,

2012.

공석구, 「廣開土王의 遼西地方 進出에 대한 고찰」, 『한국고대사연구』 67,
2012.

김영하, 「광개토왕릉비의 정복기사 해석」, 『한국고대사연구』 66, 2012.

노태돈, 「광개토왕대의 정복 활동과 고구려 세력권의 구성」, 『한국고대사연
구』 67, 2012.

연민수, 「광개토왕비에 나타난 고구려의 남방 세계관」, 『한일 관계사연구』
43, 2012.

이도학, 「廣開土大王의 南方 政策과 韓半島 諸國 및 倭의 動向」, 『한국고대
사연구』 67, 2012.

이명인, 「고구려 광개토왕 시기 慕容鮮卑와의 관계 및 문화교류」, 『한국고대
사연구』 67, 2012.

井上直樹, 「廣開土王의 對外關係와 永樂 5年의 對稗麗戰」, 『한국고대사연
구』 67, 2012.

서영수, 「광개토태왕의 패려 정벌과 요동 순수」, 『백산학보』 95, 2012.

임기환, 「고구려의 요동 진출과 영역」, 『高句麗渤海研究』 45, 2013.

공석구, 「〈광개토왕릉비〉 守墓人 烟戶 記事의 고찰」, 『高句麗渤海研究』 47,
2013.

서영수 외, 『광개토왕비의 재조명』, 동북아역사재단, 2013.

김택민, 「중국 고대 수릉제도와 율령」, 『광개토왕비의 재조명』, 동북아역사재
단, 2013.

이우태, 「금석학적으로 본 광개토왕비」, 『광개토왕비의 재조명』, 동북아역사
재단, 2013.

김현숙, 「광개토왕비의 성격과 건립목적」, 『광개토왕비의 재조명』, 동북아역

사재단, 2013.

조법종, 「고구려 국내성의 공간과 광개토왕릉」, 『광개토왕비의 재조명』, 동북
아역사재단, 2013.

권인한, 「광개토왕릉비문의 국어학적 연구」, 『광개토왕비의 재조명』, 동북아
역사재단, 2013.

연민수, 「광개토왕비에 나타난 고구려의 남방 세계관」, 『광개토왕비의 재조
명』, 동북아역사재단, 2013.

이용현, 「광개토왕비문의 고구려와 가야-백제의 대응을 축으로」, 『광개토왕
비의 재조명』, 동북아역사재단, 2013.

임기환, 「광개토왕비에 보이는 고구려의 역사관」, 『광개토왕과 고구려사를
위한 새로운 이해』, 경북대 인문과학연구원 발표문, 2013.

이성제, 「광개토왕비의 성격과 입비의 의의」, 『선사와 고대』 39, 2013.

임기환, 「집안고구려비와 광개토왕비를 통해본 고구려 守墓制의 변천」, 『韓
國史學報』 54, 2014.

여호규, 「광개토왕릉비의 문장구성과 서사구조」, 『영남학』 25, 2014.

임기환, 「광개토왕비의 건립과정 및 비문 구성에 대한 재검토」, 『한국고대사
연구의 자료와 해석』, 2014.

정호섭, 「광개토왕비와 집안고구려비의 비교 연구」, 『韓國史研究』 167,
2014.

임기환, 「광개토왕비문에 보이는 時制 서술법과 歷史觀」, 『嶺南學』 26,
2014.

정호섭, 「광개토왕비의 형태와 위치, 비문구성과 성격에 관한 연구성과와 과
제」, 『동북아역사논총』 49, 2015.

조영광, 「광개토왕비에 보이는 대외 관계와 고구려 천하관에 대한 연구성과

와 과제」,『동북아역사논총』49, 2015.

이정빈,「광개토왕비 탁본 연구방법의 성과와 과제」,『동북아역사논총』49, 2015.

조우연,「중국학계의 광개토왕비 연구성과 검토」,『동북아역사논총』49, 2015.

이노우에 나오키,「일본학계에서의 광개토왕비 연구의 성과와 과제」,『동북 아역사논총』49, 2015.

여호규,「集安高句麗碑와 광개토왕릉비 序頭의 단락구성과 서술내용 비교」, 『新羅文化』45, 2015.

조법종,「광개토왕릉비의 四面碑 특성과 동북아시아적 전통」,『高句麗渤海 硏究』51, 2015.

김락기,「광개토왕비 수묘인연호조의 연구현황과 과제」,『선사와 고대』47, 2016.

주보돈,「廣開土王碑와 長壽王」,『한국목간학회 제24회 정기발표회: 문자자 료를 통해 본 고구려』, 2016.

제2장 지안고구려비의 비밀

集安市博物館 編著,『集安高句麗碑』, 吉林大學出版社, 2013.

고광의,「신발견〈集安高句麗碑〉의 형태와 書體」,『高句麗渤海硏究』45, 2013.

공석구,「『集安高句麗碑』의 발견과 내용에 대한 考察」,『高句麗渤海硏究』 45, 2013.

금경숙,「새로 발견된 '지안고구려비'에 관한 몇 가지 고찰」,『동북아역사문 제』71, 2013.

김수태, 「집안고구려비에 보이는 율령제」, 『한국고대사학회 제133회 정기발표회 발표문』, 2013.

김현숙, 「集安高句麗碑의 건립시기와 성격」, 『韓國古代史研究』 72, 2013.

서영수, 「說林-'지안 신고구려비' 발견의 의의와 문제점:『中國文物報』의 조사보고를 중심으로」, 『고구려발해연구』 45, 2013.

여호규, 「신발견 〈集安高句麗碑〉의 구성과 내용 고찰」, 『韓國古代史研究』 70, 2013.

윤용구, 「集安 高句麗碑의 拓本과 判讀」, 『韓國古代史研究』 70, 2013.

이성제, 「〈集安 高句麗碑〉로 본 守墓制」, 『韓國古代史研究』 70, 2013.

이영호, 「集安 高句麗碑의 발견과 소개」, 『韓國古代史研究』 69, 2013.

이용현, 「신발견 고구려비와 광개토왕비의 비교」, 『신발견 고구려비의 예비적 검토』, 2013.

정동민, 「韓國古代史學會 〈集安高句麗碑〉 判讀會 結果」, 『韓國古代史研究』 70, 2013.

정현숙, 「集安高句麗碑의 발견 경위와 한·중·일의 연구 동향」, 『신발견 〈集安高句麗碑〉 판독 및 서체 검토』, 2013.

정현숙, 「서예학적 관점으로 본 集安高句麗碑의 건립 시기」, 『書誌學研究』 56, 2013.

정현숙·조미영·이순태·이은솔·황인현, 「集安高句麗碑의 서체 분석」, 『신발견 〈集安高句麗碑〉 판독 및 서체 검토』, 2013.

정호섭, 「集安 高句麗碑의 性格과 주변의 高句麗 古墳」, 『韓國古代史研究』 70, 2013.

조법종, 「집안 고구려비의 특성과 수묘제」, 『신발견 고구려비의 예비적 검토』, 2013.

조우연, 「集安 高句麗碑에 나타난 왕릉제사와 조상인식」, 『韓國古代史研究』 70, 2013.

홍승우, 「集安高句麗碑에 나타난 高句麗 律令의 형식과 守墓制」, 『韓國古代史研究』 72, 2013.

耿鐵華, 「集安高句麗碑考釋」, 『通化師範學院學報』 2013-3, 2013.

耿鐵華, 「集安新出土高句麗碑的重要價値」, 『東北史地』 2013-3, 2013.

耿鐵華, 「중국 지안에서 출토된 고구려비의 진위 문제」, 『韓國古代史研究』 70, 2013.

耿鐵華·董峰, 「新發現的集安高句麗碑初步研究」, 『社會科學戰線』 2013-5, 2013.

董峰·郭建剛, 「集安高句麗碑出土紀」, 『通化師範學院學報』 2013-3, 2013.

徐建新, 「中國出土"集安高句麗碑"試析」, 『東北史地』 2013-3, 2013.

孫仁杰, 「集安高句麗碑文識讀」, 『東北史地』 2013-3, 2013.

孫仁杰, 「집안 고구려비의 판독과 문자 비교」, 『韓國古代史研究』 70, 2013.

魏存成, 「關于新出集安高句麗碑的幾點思考」, 『東北史地』 2013-3, 2013.

林澐, 「集安麻線高句麗碑小識」, 『東北史地』 2013-3, 2013.

張福有, 「集安麻線高句麗碑探綜」, 『社會科學戰線』 2013-5, 2013.

張福有, 「集安麻線高句麗碑碑文補釋與識讀解析」, 『東北史地』 2013-3, 2013.

集安市博物館, 「集安高句麗碑調査報告」, 『東北史地』 2013-3, 2013.

강진원, 「신발견 〈集安高句麗碑〉의 판독과 연구 현황」, 『목간과 문자』 11, 2013.

기경량, 「집안고구려비의 성격과 고구려의 수묘제 개편」, 『韓國古代史研究』 76, 2014.

김창석, 「5세기 이전 고구려의 王命體系와 집안고구려비의 '教'·'令'」, 『韓國古代史研究』 75, 2014.

강현숙, 「집안 고구려비에 대한 고고학적 추론-묘상입비와 관련하여-」, 『高句麗渤海研究』 50, 2014.

김현숙, 「광개토왕비, 집안고구려비를 통해 본 고구려의 수묘제 정비」, 『嶺南學』 26, 2014.

정호섭, 「광개토왕비와 집안고구려비의 비교 연구」, 『韓國史研究』 167, 2014.

김현숙, 「고구려 수묘제 연구의 현황과 쟁점」, 『국학연구』 26, 2015.

김창석, 「고구려 守墓法의 제정 경위와 布告 방식-신발견 集安高句麗碑의 분석-」, 『東方學志』 169, 2015.

여호규, 「集安高句麗碑와 광개토왕릉비 序頭의 단락구성과 서술내용 비교」, 『新羅文化』 45, 2015.

권인한, 「集安高句麗碑文의 새로운 판독과 해석」, 『한국목간학회 제24회 정기발표회: 문자자료를 통해 본 고구려』, 2016.

제3장 충주고구려비의 비밀

『삼국사기』 『삼국유사』 『일본서기』 『민족문화대백과사전』

김정배, 「中原高句麗碑의 몇가지 問題點」, 『史學志』 13, 단국대학교 사학회, 1979.

변태섭, 「中原高句麗碑의 內容과 年代에 대한 檢討」, 『史學志』 13, 단국대학교 사학회, 1979.

이기백, 「中原高句麗碑의 몇 가지 問題」, 『史學志』 13, 단국대학교 사학회, 1979(『韓國古代政治社會史研究』, 일조각, 1996).

임창순,「中原高句麗古碑小考」,『史學志』13, 단국대학교사학회, 1979.

이호영,「中原高句麗碑 題額의 新讀-長壽王代의 年號 推論-」,『史學志』 13, 단국대학교 사학회, 1979.

정영호,「中原高句麗碑의 發見調査와 硏究展望」,『史學志』13, 단국대학교 사학회, 1979.

이병도,「中原高句麗碑에 대하여」,『史學志』13, 단국대학교 사학회, 1979.

신형식,「中原高句麗碑에 대한 一考察」,『史學志』13, 단국대학교 사학회, 1979.

木下禮仁,「中原高句麗碑-その建立年次を中心として」,『村上四男博士 和歌山大學退官記念 韓國史論文集』, 開明書院, 1981.

田中俊明,「高句麗の金石文-硏究の現狀と課題-」,『朝鮮史硏究會論文集』 18, 1981.

양기석,「4~5C 高句麗 王者의 天下觀에 對하여」,『호서사학』11, 1983.

김영하·한상준,「中原高句麗碑의 建碑 年代」,『敎育硏究誌』25, 1983.

손영종,「중원 고구려비에 대하여」,『력사과학』1985-2, 1985.

김창호,「中原高句麗碑의 재검토」,『韓國學報』47, 1987.

노태돈,「5세기 金石文에 보이는 高句麗人의 天下觀」,『韓國史論』19, 서울대 국사학과, 1988.

이도학,「永樂6年 廣開土王의 南征과 國原城」,『孫寶基博士停年紀念 韓國史學論叢』, 1988.

정운용,「5世紀 高句麗 勢力圈의 南限」,『史叢』35, 1989.

김창호,「高句麗 金石文의 人名表記」,『先史와 古代』3, 1992.

서영대,「中原高句麗碑」, 韓國古代社會硏究所 編,『譯註 韓國古代金石文』 제1권, 駕洛國史蹟開發硏究院, 1992.

박성봉,「高句麗 金石文의 연구현황과 과제 - 廣開土好太王碑와 中原高句麗碑를 중심으로 - 」,『國史館論叢』, 1997.

木村誠,「中原高句麗碑立碑年次の再檢討」,『朝鮮社會の史的展開と東アジア』, 山川出版社, 1997.

篠原啓方,「「中原高句麗碑」의 釋讀과 내용의 의의」,『史叢』51, 2000.

이도학,「中原高句麗碑의 建立目的」,『高句麗研究』10, 高句麗研究會, 2000.

木村誠,「中原高句麗碑의 立碑年에 관해서」,『高句麗研究』10, 高句麗研究會, 2000.

남풍현,「中原高句麗碑文의 解讀과 吏讀的 性格」,『高句麗研究』10, 高句麗研究會, 2000.

李殿福,「中原郡의 高麗碑를 통해 본 高句麗 國名의 變遷」,『高句麗研究』10, 高句麗研究會, 2000.

김창호,「中原高句麗碑의 建立 年代」,『高句麗研究』10, 高句麗研究會, 2000.

朴眞奭,「中原高句麗碑의 建立年代 考」,『高句麗研究』10, 高句麗研究會, 2000.

임기환,「中原高句麗碑를 통해 본 高句麗와 新羅의 關係」,『高句麗研究』10, 高句麗研究會, 2000.

서영일,「中原高句麗碑에 나타난 高句麗 城과 國防體系」,『高句麗研究』10, 高句麗研究會, 2000.

李殿福,「高句麗金銅・石雕佛造像及中原郡碑」,『博物館研究』1991-1, 2000.

손환일,「中原 高句麗碑의 書體」,『高句麗研究』9, 2000.

장준식,「中原高句麗碑 附近의 高句麗 遺蹟과 遺物」,『高句麗研究』10 ,高句麗研究會, 2000.

김양동,「中原高句麗碑와 高句麗 金石文의 書體에 대하여」,『高句麗研究』10, 高句麗研究會, 2000.

耿鐵華,「牟墓誌와 中原高句麗碑」,『高句麗研究』10, 高句麗研究會, 2000.

이용현,「中原高句麗碑와 新羅 碑와의 比較」,『高句麗研究』10, 高句麗研究會, 2000.

김현숙,「4~6세기경 小白山脈 以東地域의 領域向方」,『韓國古代史研究』26, 2002.

장창은,「신라 訥祗王代 고구려세력의 축출과 그 배경」,『韓國古代史研究』33, 2004.

최장열,「중원고구려비, 선돌에서 한반도 유일의 고구려비로」,『고대로부터의 통신』, 푸른역사, 2004.

정운용,「三國關係史에서 본 中原高句麗碑의 意味」,『고구려의 국제관계』, 고구려연구재단, 2005.

정운용,「中原高句麗碑 研究의 몇 가지 問題」,『국제고려학회 서울지회 논문집』6, 2005.

정운용,「中原高句麗碑의 建立 年代」,『白山學報』76, 2006.

장창은,「中原高句麗碑의 연구동향과 주요 쟁점」,『歷史學報』189, 2006.

박성현,「6세기초 고구려-신라의 화약과 경계」,『역사와 현실』76, 2010.

정재윤,「4~5세기 백제와 고구려의 관계」,『高句麗渤海研究』44, 2012.

정제규,「중원고구려비의 연구사적 검토」,『중원문물』24, 2012.

서지영,「5세기 羅麗관계 변화와 중원고구려비의 건립」,『韓國古代史研究』68, 2012.

장창은, 「4~5世紀 高句麗의 南方進出과 對新羅 關係」, 『고구려발해연구』 44, 2012.

박찬흥, 「중원고구려비의 건립목적과 신라의 위상」, 『한국사학보』 51, 2013.

백종오, 「중원지역 고구려 유적 유물의 검토」, 『고구려발해연구』 50, 2014.

프랑스엔 〈크세주〉, 일본엔 〈이와나미 문고〉,
한국에는 〈살림지식총서〉가 있습니다.

고구려 비문의 비밀

펴낸날	**초판 1쇄 2017년 12월 29일**

지은이	**정호섭**
펴낸이	**심만수**
펴낸곳	**(주)살림출판사**
출판등록	**1989년 11월 1일 제9-210호**

주소	**경기도 파주시 광인사길 30**
전화	**031-955-1350**　　팩스　**031-624-1356**
홈페이지	**http://www.sallimbooks.com**
이메일	**book@sallimbooks.com**

ISBN	**978-89-522-3832-0　04080**
	978-89-522-0096-9　04080 (세트)

※ 값은 뒤표지에 있습니다.
※ 잘못 만들어진 책은 구입하신 서점에서 바꾸어 드립니다.

이 도서의 국립중앙도서관 출판시도서목록(CIP)은 서지정보유통지원시스템 홈페이지
(http://seoji.nl.go.kr)와 국가자료공동목록시스템(http://www.nl.go.kr/kolisnet)에서
이용하실 수 있습니다.(CIP제어번호: CIP2017034350)

책임편집·교정교열 **김건희**

085 책과 세계

강유원(철학자)

책이라는 텍스트는 본래 세계라는 맥락에서 생겨났다. 인류가 남긴 고전의 중요성은 바로 우리가 가 볼 수 없는 세계를 글자라는 매개를 통해서 우리에게 생생하게 전해 주는 것이다. 이 책은 역사라는 시간과 지상이라고 하는 공간 속에 나타났던 텍스트를 통해 고전에 담겨진 사회와 사상을 드러내려 한다.

056 중국의 고구려사 왜곡   eBook

최광식(고려대 한국사학과 교수)

중국의 고구려사 왜곡의 숨은 의도와 논리, 그리고 우리의 대응·방안을 다뤘다. 저자는 동북공정이 국가 차원에서 진행되는 정치적 프로젝트임을 치밀하게 증언한다. 경제적 목적과 영토 확장의 이해관계 등이 복잡하게 얽혀 있는 동북공정의 진정한 배경에 대한 설명, 고구려의 역사적 정체성에 대한 문제, 고구려사 왜곡에 대한 우리의 대처방법 등이 소개된다.

291 프랑스 혁명   eBook

서정복(충남대 사학과 교수)

프랑스 혁명은 시민혁명의 모델이자 근대 시민국가 탄생의 상징이지만, 그 실상을 아는 사람은 많지 않다. 프랑스 혁명이 바스티유 습격 이전에 이미 시작되었으며, 자유와 평등 그리고 공화정의 꽃을 피기 위해 너무 많은 피를 흘렸고, 혁명의 과정에서 해방과 공포가 엇갈리고 있었다는 등의 이야기를 통해 프랑스 혁명의 실상을 소개한다.

139 신용하 교수의 독도 이야기   eBook

신용하(백범학술원 원장)

사학계의 원로이자 독도 관련 연구의 대가인 신용하 교수가 일본의 독도 영토 편입문제를 걱정하며 일반 독자가 읽기 쉽게 쓴 책. 저자는 역사적으로나 국제법상으로 실효적 점유상으로나, 어느 측면에서 보아도 독도는 명백하게 우리 땅이라고 주장하며 여러 가지 역사적인 자료를 제시한다.

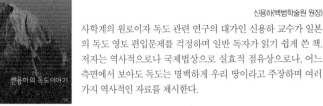

144 페르시아 문화

eBook

신규섭(한국외대 연구교수)

인류 최초 문명의 뿌리에서 뻗어 나와 아랍을 넘어 중국, 인도와 파키스탄, 심지어 그리스에까지 흔적을 남긴 페르시아 문화에 대한 개론서. 이 책은 오랫동안 베일에 가려 있던 페르시아 문명을 소개하여 이슬람에 대한 편견과 오해를 바로 잡는다. 이태백이 이 관계였다는 사실, 돈황과 서역, 이란의 현대 문화 등이 서술된다.

086 유럽왕실의 탄생

김현수(단국대 역사학과 교수)

인류에게 '예술과 문명' 그리고 '근대와 국가'라는 개념을 선사한 유럽왕실. 유럽왕실의 탄생배경과 그 정체성은 무엇인가? 이 책은 게르만의 한 종족인 프랑크족과 메로빙거 왕조, 프랑스의 카페 왕조, 독일의 작센 왕조, 잉글랜드의 웨섹스 왕조 등 수많은 왕조의 출현과 쇠퇴를 통해 유럽 역사의 변천을 소개한다.

016 이슬람 문화

이희수(한양대 문화인류학과 교수)

이슬람교와 무슬림의 삶, 테러와 팔레스타인 문제 등 이슬람 문화 전반을 다룬 책. 저자는 그들의 멋과 가치관을 흥미롭게 설명하면서 한편으로 오해와 편견에 사로잡혀 있던 시각의 일대 전환을 요구한다. 이슬람교와 기독교의 관계, 무슬림의 삶과 낭만, 이슬람 원리주의와 지하드의 실상, 팔레스타인 분할 과정 등의 내용이 소개된다.

100 여행 이야기

eBook

이진홍(한국외대 강사)

이 책은 여행의 본질 위를 '길거리의 철학자'처럼 편안하게 소요한다. 먼저 여행의 역사를 더듬어 봄으로써 여행이 어떻게 인류 역사의 형성과 같이해 왔는지를 생각하고, 다음으로 여행의 사회학적 · 심리학적 의미를 추적함으로써 여행에 어떤 의미를 부여할 것인가에 대해 말한다. 또한 우리의 내면과 여행의 관계 정의를 시도한다.

293 문화대혁명 중국 현대사의 트라우마 eBook

백승욱(중앙대 사회학과 교수)

중국의 문화대혁명은 한두 줄의 정부 공식 입장을 통해 정리될 수 없는 중대한 사건이다. 20세기 중국의 모든 모순은 사실 문화대혁명 시기에 집약되어 있다고 해도 과언이 아니다. 사회주의 시기의 국가 · 당 · 대중의 모순이라는 문제의 복판에서 문화대혁명을 다시 읽을 필요가 있는 지금, 이 책은 문화대혁명에 대한 안내자가 될 것이다.

174 정치의 원형을 찾아서 eBook

최자영(부산외국어대학교 HK교수)

인류가 걸어온 모든 정치체제들을 매우 짧은 기간 동안 시험하고 정비한 나라, 그리스. 이 책은 과두정, 민주정, 참주정 등 고대 그리스의 정치사를 추적하고, 정치가들의 파란만장한 일화 등을 소개하고 있다. 특히 이 책의 저자는 아테네인들이 추구했던 정치방법이 오늘 우리 사회가 당면한 문제를 해결할 수 있는 지혜의 발견에 도움을 줄 수 있을 것이라고 말한다.

420 위대한 도서관 건축순례 eBook

최정태(부산대학교 명예교수)

이 책은 도서관의 건축을 중심으로 다룬 일종의 기행문이다. 고대 도서관에서부터 21세기에 완공된 최첨단 도서관까지, 필자는 가능한 많은 도서관을 직접 찾아보려고 애썼다. 미처 방문하지 못한 도서관에 대해서는 문헌과 그림 등 가능한 많은 정보를 수집하려 노력했다. 필자의 단상들을 함께 읽는 동안 우리 사회에서 도서관이 차지하는 의미에 대해 다시 생각하게 된다.

421 아름다운 도서관 오디세이 eBook

최정태(부산대학교 명예교수)

이 책은 문헌정보학과에서 자료 조직을 공부하고 평생을 도서관에 몸담았던 한 도서관 애찬가의 고백이다. 필자는 퇴임 후 지금까지 도서관을 돌아다니면서 직접 보고 배운 것이 40여 년 동안 강단과 현장에서 보고 얻은 이야기보다 훨씬 많다고 말한다. '세계 도서관 여행 가이드'라 불러도 손색없을 만큼 풍부하고 다채로운 내용이 이 한 권에 담겼다.

eBook 표시가 되어있는 도서는 전자책으로 구매가 가능합니다.

(주)살림출판사
www.sallimbooks.com
주소 경기도 파주시 문발동 522-1 | 전화 031-955-1350 | 팩스 031-955-1355